Guía de Bienestar del Defensor de Víctimas

Seis Dimensiones de la Vida Libre de Estrés Traumático Secundario

OLGA PHOENIX, MPA, MA

DEDICATORIA

Este libro es para todos los increíbles, hermosos, dedicados y comprometidos Mujeres Maravilla y Hombres Maravilla quienes crean el cambio social día a día, participan en la eliminación del sufrimiento humano del mundo, y de manera regular significan una diferencia en las vidas de otras personas. ¡Ustedes son mi mundo! ¡Y son el mundo de muchas personas quienes tienen el honor y privilegio de conocerlos!

¡Gracias por ser USTEDES!

CONTENIDO

AGRADECIMIENTOS

Me gustaría expresar mi más profundo agradecimiento a los investigadores, practicantes y autores del estrés traumático secundario, quienes me influyeron e inspiraron: Karen Saakvine, Laurie Anne Pearlman, Charles Figley, Beth Stamm, Laura van Dernoot Lypsky, Sandra Bloom, Naomi Rachel Remen, Francoise Mathieu, John Fawcett, y muchos otros.

Me gustaría darle las gracias desde el fondo de mi corazón a Pamela Jacobs, una amiga y visionaria, por haberme ayudado a concebir el proyecto Olga Phoenix Project: Healing for Social Change así como este libro - ¡todo esto no sería posible sin ti, mi amiga! A mi familia de nacimiento - Vitalik, t. Luba, d.Vova, Mama, Busek, d.Vitya, - gracias por todas las lecciones que me enseñaron, los amo, por siempre. A mi familia elegida, -Annette, Gig, y los chicos, Barbara C., Fran, Louise L., Meg P., Laura C. R., Melody T., Jenn M., Kimberly G., Rosa M., Dr. Joan P., Dr. Jane C., Denny M. y muchos, muchos hermanos y hermanas de todo el mundo, gracias por salvarme la vida y amarme hasta que yo misma pude amar. A la gente que me ayudó a sanar - Barbara Burkhardt, Diane Edmond, Pal Powell, el Dr. John Steele - gracias por enseñarme la verdad.

A todos los profesionales del trauma con quienes he tenido la fortuna de trabajar - ¡Me encanta su coraje, tenacidad, empatía, amabilidad y su deseo por hacer de este mundo un lugar mejor! ¡Estamos creando un cambio social, mis amigos! ¡Un día a la vez, un paso a la vez! Todos nuestros caminos están benditos.

INTRODUCCIÓN

*Entre 40% y 85% de los "Profesionales de Ayuda"
desarrollan estrés traumático secundario, fatiga por
compasión y altas tasas de síntomas traumáticos
(Mathieu, 2012).*

¿Cómo nos convertimos en estadísticas del estrés traumático secundario?

Hace siete años, estaba capacitando a nuevos defensores de violencia doméstica sobre el tema de "Violencia Doméstica y los Niños que la Presencian". En medio de mi capacitación, pedí una pausa de emergencia y le pedí a mi compañero de capacitación que continúe sin mí. Corrí afuera, con náuseas, cubierta de sudor frío, mi corazón explotando fuera del pecho y lista para desmayarme. Estaba experimentando un verdadero ataque de pánico como resultado del material que estaba presentando. En aquel entonces, no se me ocurrió conectar mi reacción adversa al hecho de que fui testigo de que mi padre asesinó a mi madre cuando era una niña.

Después del incidente del ataque de pánico, mi familia y amigos me instaron a abandonar el campo, preocupados por mi salud mental y física, mis pesadillas, mi creciente aislamiento y retiro, y mi falta de vida fuera del trabajo. Me quedé porque sentía que tenía que quedarme sin importar que - por mi mamá. Sentía que le debía eso, trabajar para la prevención de la violencia doméstica.

Siete años atrás, pensé que yo era una Mujer Maravilla y que mi pasado no me definía. Sigo pensando exactamente lo mismo, excepto que ahora sé que para ayudar a otra persona a sanar, Primero tengo que sanar mis heridas personales, y luego seguir practicando la prevención radical del estrés traumático secundario y bienestar para mantener una vida libre de estrés traumático secundario mientras trabajo en el campo del trauma. La mayoría de nosotros llegamos a trabajos relacionados con el trauma por una razón, a menudo tenemos nuestras propias historias personales de trauma no tratado, que nos hace vulnerables al estrés traumático secundario.

Mi supervisor sugirió que probara la terapia. Esa fue una de las mejores sugerencias que jamás tomé, y comenzó mi viaje de siete años a sanar y al bienestar. Después de un tiempo, he aprendido que no le debo nada a nadie, incluyendo a mi mamá. *Hago* este trabajo porque me inspira, me potencia y me conmueve. Puedo hacer este trabajo porque siento que estoy contribuyendo a mejorar al mundo, y eso me hace sentir como una verdadera Mujer Maravilla. Pero para trabajar en el campo del trauma, debo cuidar de mí misma. Debo ponerme a mí misma en primer lugar, siempre, porque hacer esto no es egoísta, sino valiente y eficaz. Ponerme a mí misma en primer lugar me mantiene sana y equilibrada en todas las áreas de mi vida, para mí, para mi familia y para mis clientes.

Como defensores de víctimas (profesionales de ayuda / trauma) tendemos a definir toda nuestra identidad alrededor de nuestro trabajo, nuestra pareja o nuestros hijos, tratando de complacerlos a todos. Estamos buscando constantemente la perfección y olvidándonos de nosotros mismos en el proceso. A menudo, fallamos en alcanzar nuestras expectativas inalcanzables. La perfección es imposible. La perfección es un mito, creado para mantenernos eternamente insatisfechos, culpables y avergonzados de nosotros mismos. Nosotros siempre estamos esforzándonos por más, mejor, más rápido, pero seguimos quedándonos cortos. Este ciclo, que nos mantiene fuera de balance, nos impide desarrollar una vida plena y saludable.

Debo fomentar y nutrir mi vida fuera del trabajo. Necesito saber que no soy solo una "defensora de víctimas". Soy una amiga, una hermana, una madre, una prima, una tía. Soy una vulnerable buscadora espiritual de sabiduría y una amante del mar. Puedo ser intelectual, conectada con la naturaleza, tonta y a veces ruidosa. A veces simplemente me siento perezosa y quiero escapar a Tahití. También soy una estudiante, una escritora, una viajera del mundo y una amante, que está llena de vida y gratitud. Puedo ser una autoindulgente compasiva que a veces es muy dura consigo misma, pero sé que la vida es un viaje, no un destino. Es el progreso, no la perfección lo que cuenta. Existe una miríada de facetas mías, e incluso esto incluso no raya la superficie. Sé que lo mismo es cierto para usted.

La mayoría de nosotros, los defensores de víctimas y otros profesionales de traumas, amamos nuestro trabajo. A menudo, somos individuos que queremos cambiar al mundo, eliminar el sufrimiento humano, hacer una diferencia en la vida de otras personas. ¡Y en nuestro trabajo, podemos hacer todo eso! Somos las Mujeres Maravilla y Hombres Maravilla que creamos cambios sociales a diario. También somos personas que tienen problemas reales al cuidar de sí mismas, quienes nos sentimos culpables al tomar vacaciones, quienes solo nos tomamos un descanso cuando estamos muy enfermos, quienes esperamos la perfección de nosotros mismos. Los resultados son realmente trágicos. Perdemos a profesionales de trauma comprometidos, dedicados y profundamente cuidadosos ante el estrés traumático secundario, fatiga por compasión y burnout.

Tal como yo, usted puede haberse preguntado: ¿Cómo puedo evitar que el estrés traumático secundario, fatiga por compasión y el burnout se apoderen de mi vida? ¿Cómo hago todo esto como un defensor de víctimas, a menudo con exceso de trabajo, bajo salario, drenado emocional y físicamente? Afortunadamente, el estrés traumático secundario es prevenible. Este libro es su guía personal para vivir sano y contento mientras prospera en un campo relacionado con el trauma.

Aquí, usted descubrirá potentes herramientas reales para abordar y trasformar el estrés traumático secundario y Fatiga por Compasión. Usted aprenderá acerca de eficaces técnicas para auto consolación, renovación y trasformación. Exploraremos modalidades de respiración, meditaciones guiadas, afirmaciones, fomento de gratitud y rituales para "dejar el trabajo en el trabajo" y así abrir un camino a la satisfacción compasiva, bienestar personal y empoderamiento. Se le proporcionarán herramientas para implantar, potenciar y mantener una cultura organizacional de prevención del estrés traumático secundario. Finalmente, descubrirá cómo mantener el equilibrio de su vida al nutrir los aspectos físicos, psicológicos, emocionales, espirituales, personales y profesionales de sí mismo, con el fin de crear una vida productiva, plena y preciada libre de estrés traumático secundario.

CAPÍTULO 1:

¿QUÉ ES EL ESTRÉS TRAUMÁTICO SECUNDARIO?

El estrés traumático secundario, fatiga por compasión, respuesta por exposición al estrés y burnout son todas formas de estrés que pueden afectar a aquellos que trabajan en profesiones de "ayuda", porque ese trabajo implica la exposición directa al trauma de otro. Durante los últimos veinte años ha habido un movimiento para crear conciencia y soluciones a los profundos efectos psicológicos negativos causados por estar expuesto al trauma de otros – que van desde una lesión grave al cuerpo por violencia o un accidente a una herida emocional que causa un daño duradero en la psique de una persona.

La investigación indica que un sorprendente número de personas en las profesiones de "ayudar" como defensores de víctimas de violencia doméstica y sexual, terapeutas, enfermeros, médicos, trabajadores sociales, profesionales de aplicación de la ley, fiscales y jueces, están siendo afectadas por estrés traumático secundario, fatiga por compasión y burnout (Figley, 1996; Maslach, 1996; Saakvitne & Pearlman, 1996; Baird & Jenkins, 2003; Mathieu, 2012).

Definiciones

El estrés traumático secundario, fatiga por compasión, respuesta por exposición al estrés y burnout son todas formas de estrés que pueden afectar a aquellos que trabajan en profesiones de "ayuda", porque ese trabajo implica la exposición directa al trauma de otro. Démosle un vistazo más cercano a cada uno de los términos.

Estrés Traumático Secundario

Laurie Anne Pearlman y Karen Saakvitne (1996) acuñaron el término estrés traumático secundario (ETS) para describir el profundo cambio que experimentan los trabajadores en las profesiones de ayuda como "resultado del compromiso empático con clientes sobrevivientes y su trauma material" (p.25). Según Pearlman y Saakvitne, el ETS es un riesgo ocupacional y efecto inevitable del trabajo con traumas, una "consecuencia humana de conocer, cuidar y enfrentar la realidad del trauma" (1996, p.25).

Los trabajadores que tratan traumas ofrecen conexión empática a los sobrevivientes de traumas y a menudo se ven profundamente conmovidos por las experiencias pasadas de los sobrevivientes. Al mismo tiempo, el trabajo y recuperación de traumas es a menudo un lento proceso con muchos retrocesos. Esta combinación de compromiso empático con múltiples sobrevivientes en el tiempo, un fuerte deseo por ayudar y el lento proceso de recuperación pueden traducirse para los profesionales de ayuda en una experiencia de estrés traumático secundario.

Los síntomas principales del ETS implican cambios psicológicos en el sistema de creencias acerca de la seguridad, confianza, autoestima, intimidad y control sobre sí mismo y otros. Estos cambios pueden tener un efecto negativo sobre los sentimientos, relaciones y vida personal de quien ayuda, así como sobre su trabajo con los clientes. Las dolorosas imágenes y emociones relacionadas con los recuerdos traumáticos del cliente pueden incorporarse al sistema de memoria de imágenes de quien ayuda. Este volver a experimentar o evitación de aspectos específicos de los recuerdos traumáticos de su cliente se hace tangible mediante escenas retrospectivas, sueños, emociones dolorosas o pensamientos intrusivos.

Estrés Traumático Secundario / Fatiga por Compasión

Charles Figley (1983) definió el estrés traumático secundario, el cual él más tarde llamó fatiga por compasión (Figley, 1995), como la experiencia de presión emocional en las personas que han tenido contacto cercano con un sobreviviente del trauma, que puede incluir a miembros de la familia, así como terapeutas. Los síntomas del estrés traumático secundario (ETS) incluyen volver a experimentar el evento traumático, evasión, y entumecimiento del sobreviviente en respuesta a recordatorios de este evento y la excitación persistente (Figley, 1995).

La fatiga por compasión (FC) se refiere al agotamiento emocional y físico que los profesionales de la ayuda pueden desarrollar durante el trascurso de sus carreras. Es una trasformación negativa gradual de la visión de la vida del profesional de ayuda, quien se vuelve desanimado, amargado, contribuyendo a un ambiente de trabajo tóxico, se vuelve evasivo con los clientes y familia y experimenta una creciente creencia en la ineficacia de su trabajo (Mathieu, 2012). Irónicamente, los profesionales de ayuda que están desgastados, traumatizados y fatigados, a menudo tienden a trabajar más duro, y así se adentran por un camino peligroso, que a menudo los conduce a dificultades en su salud física y mental, como depresión, dolor crónico, abuso de sustancias e incluso el suicidio (Mathieu, 2012, p.9).

Respuesta por Exposición al Trauma

Laura van Dernoot Lypsky (2009) propone un nuevo término, respuesta por exposición al trauma, que ella define como "la trasformación que ocurre dentro de nosotros como resultado de la exposición al sufrimiento de otros seres vivos en el planeta. Esta trasformación puede resultar de la exposición deliberada o inadvertida, contacto formal o informal, trabajo remunerado o voluntario. Estamos hablando de formas en que el mundo se ve y se siente como un lugar diferente para usted como resultado de hacer su trabajo" (p.41). Ella describe sus experiencias con la exposición al trauma que acumuló durante su trabajo con sobrevivientes de violencia sexual y doméstica. "Por fin llegué a comprender que mi exposición al trauma de los demás me había cambiado a un nivel fundamental,"escribió Van Dernoot Lypsky. "Ha ocurrido una ósmosis: Yo había absorbido y acumulado trauma hasta el punto en que se había convertido en una parte de mí, y mi visión del mundo había cambiado" (p.3).

Burnout

En términos generales, el burnout es un término usado para describir el agotamiento físico y emocional causado por una baja satisfacción en el trabajo y sentimientos de impotencia o incapacidad para cambiar el entorno laboral o las vidas de los clientes de uno. Beth Stamm describe el burnout como "la cronicidad, agudeza y complejidad que se percibe que está más allá de la capacidad del proveedor del servicio (Figley, 1995, p.12). El burnout además de la fatiga por compasión puedenafectar a los profesionales de ayuda, pero el burnout no implica la trasformación negativa de la visión del mundo debido al contenido traumático de los clientes. El burnout afecta a la gente en las profesiones de no ayuda debido a tener mala paga, exigencias poco realistas, una pesada carga de trabajo, turnos pesados, mala gestión y supervisión inadecuada y puede suceder en cualquier ocupación (Mathieu, p.14 2012).

¿Cuál es la diferencia en los términos?

Los términos "fatiga por compasión", "estrés traumático secundario", "trauma vicario" y "burnout" se utilizan en la literatura, a veces indistintamente y a veces como distintas construcciones. Como se indicó anteriormente en la parte de la terminología de la sección, el término "estrés traumático secundario" se refiere a profundos cambios negativos en la visión del mundo de los trabajadores de trauma debido a su exposición al material traumático de sus clientes; este término se utilizará a lo largo de este libro, aunque los estudios citados pueden utilizar otros términos.

Factores de Riesgo

La literatura clínica y de investigación describe una multitud de factores de riesgo personales y organizacionales asociados con el estrés traumático secundario en el campo de defensa de víctimas. No podemos cambiar algunos de ellos, por ejemplo, una historia personal de trauma, pero definitivamente podemos modificar otros, tales como aprendizaje de mecanismos de afrontamiento más positivos, o realizar cursos de prevención de estrés traumático secundario en nuestra agencia (Newall & MacNeil, 2010; Bober & Regehr, 2006).

Factores de Riesgo Personales:

- Una historia personal de trauma
- Trastornos del humor preexistentes
- Mecanismos de afrontamiento no saludables
- Ser joven
- Falta de vida fuera del trabajo
- Falta de pasatiempos y grupos de apoyo
- Tener una limitada experiencia profesional

Factores de Riesgo Organizacional:

- Supervisión limitada
- Trabajar con demasiados clientes
- Aislamiento geográfico y social

- Tener una capacitación limitada sobre el estrés traumático secundario y su prevención
- Trabajar con un alto porcentaje de niños traumatizados
- Trabajar con clientes que son marginados y desfavorecidos
- Trabajar por mala paga, bajo condiciones estresantes, con recursos limitados
- Falta de reconocimiento por parte de la agencia acerca de la existencia del estrés traumático secundario
- Falta de reconocimiento por parte de la agencia acerca de que el estrés traumático secundario es una reacción normal al trauma de los clientes

Síntomas y Señales de Advertencia

La conciencia y comprensión de los signos y síntomas del estrés traumático secundario son de vital importancia para su prevención. Los síntomas pueden mostrarse de manera diferente en cada uno de nosotros, y saber cómo detectar la aparición del estrés traumático secundario puede ayudarnos a evitarlo justo a tiempo y comenzar nuestras propias medidas preventivas (Mathieu, 2012; Saakvitne y Pearlman, 1996). Los siguientes son síntomas de la aparición del estrés traumático secundario:

Físicos: Cansancio, insomnio, hipersomnia, dolores de cabeza y susceptibilidad a enfermedades.

Conductuales: Aumento del uso de drogas y alcohol, sobrealimentación compulsiva, otras adicciones, absentismo, ira, evitar clientes, límites de trabajo desdibujados y aislamiento.

Psicológicos: Distanciamiento, autoimagen negativa, depresión, incapacidad para sentir empatía, cinismo, amargura, baja satisfacción y desempeño laboral, mayor ansiedad, miedo irracional, problemas con la intimidad, hipervigilancia, imágenes intrusivas, pérdida de esperanza e incapacidad para tener una vida fuera del trabajo.

Estadísticas de Campo

Las estadísticas de campo son muy consistentes: los defensores de víctimas sufren "altos" a "muy altos" niveles de estrés traumático secundario y fatiga por compasión.

Trabajadores Sociales, MSW:

- 70% exhiben por lo menos un síntoma de estrés traumático secundario (Bride, 2007).

Trabajadores Sociales:

- 42% dijo haber sufrido estrés traumático secundario (Adams et al., 2006).

Trabajadores Sociales, Violencia Doméstica y Agresión Sexual:

- 65% tuvo al menos un síntoma de estrés traumático secundario (Bride, 2007).

Investigadores Forenses, Ciber Delitos Contra Niños:

- 36% de los investigadores estaban experimentando de moderados a altos niveles de trauma secundario (Pérez et al., 2010).

Trabajadores de Bienestar Infantil:

- 50% de los síntomas de estrés postraumático en rango severo (Conrad & Kellar-Guenther, 2006).

Trabajadores de Bienestar Infantil:

- 34% cumplía con los criterios de diagnóstico de PTSD, debido al estrés traumático secundario (Bride, 2007).

Trabajadores de Servicios de Protección Infantil:

- 37% exhibieron niveles clínicos de angustia emocional asociada con el estrés traumático secundario (Cornille & Meyers, 1999).

Trabajadores de Protección Infantil:

- 50% sufría de "altos" a "muy altos" niveles de fatiga por compasión (Conrad & Kellar-Guenther, 2006).

Entrevistadores Forenses Femeninos:

- 34% reportaron experimentar síntomas de estrés traumático secundario (Perron & Hiltz, 2006).

ProQOL:

Auto Prueba de Calidad de Vida del Profesional

Beth Stamm y Charles Figley han desarrollado una auto prueba llamada ProQOL: Auto Prueba de Calidad de Vida del Profesional. La ProQOL es una herramienta gratuita para evaluar los niveles de fatiga por compasión, burnout y satisfacción por compasión.

Esta prueba tiene 30 preguntas, con rangos de escala de cinco puntos para nunca (1) hasta muy a menudo (5), con subescalas de fatiga de satisfacción por compasión, burnout y fatiga por compasión. Esta medida ha sido utilizada desde 1995, y ha tenido varias revisiones, con la última y más reciente versión llamada ProQOL 5, develada en 2012. Lo que distingue a esta prueba de otras medidas es la noción de que la calidad de vida profesional del ayudante se compone tanto de aspectos positivos (satisfacción por compasión) como aspectos negativos (fatiga por compasión y burnout).

Beth Stamm (2010) define la satisfacción por compasión como el disfrute y satisfacción que sienten los trabajadores profesionales del trauma cuando son capaces de realizar bien su trabajo. Los ayudantes que experimentan satisfacción por compasión sienten que son capaces de manejar nuevas responsabilidades y desean continuar participando en su trabajo. Se sienten satisfechos y vigorizados por el acto de ayudar en sí mismo y por su capacidad para hacer una diferencia constructiva en su ambiente de trabajo o comunidad mayor. La satisfacción por compasión puede ser fomentada por entornos de trabajo saludables y de apoyo, auto cuidado y encontrar significado fuera del trabajo.

Lo invito a tomarse unos minutos y revisar ahora la prueba ProQOL 4. Se reproduce con permisos más abajo en la figura 1. Si desea descargar esta prueba en línea, vaya a http://proqol.org/ProQol_Test.html.

Beth Stamm alienta a que todos los que toman esta prueba a le envíen los resultados, ya que ella está trabajando con estos datos para estudiar la eficacia de la prueba. Por favor, visite su sitio web para obtener más información: www.proqol.org.

Figura 1. Beth HudnallStamm, 1995-2012. Calidad de Vida del Profesional: Satisfacción por compasión y Fatiga Versión 4 (ProQOL). www.proqol.org. Reproducido con permisos.

CALIDAD DE VIDA DE PROFESIONAL - COMPASIÓN
CompassionSubescalas de Satisfacción y Fatiga – Versión IV

Cuestionario de Fatiga por Compasión y Satisfacción Tercera Revisión, 2005

Ayudar a otros lo pone en contacto directo con la vida de otras personas. Como usted seguramente lo ha comprobado, su compasión o empatía por aquellos que ayuda tiene aspectos tanto positivos como negativos. Quisiéramos hacerle preguntas acerca de sus experiencias, positivas y negativas, como profesional de urgencias médicas. Considere cada una de las siguientes preguntas de acuerdo con su situación actual. Marque en cada frase, siendo lo más sincero posible, el valor que refleje la experiencia profesional más frecuente para usted durante los últimos 30 días.

0=Nunca 1=Raramente 2=Algunas veces 3=Con alguna frecuencia 4=Casi siempre 5=Siempre

1. Soy feliz.
2. Estoy preocupado por una o más personas a las que he ayudado o ayudo.
3. Estoy satisfecho de poder ayudar a la gente.
4. Me siento vinculado a otras personas, debido a con ocasión de mi trabajo.
5. Me sobresaltan los sonidos inesperados.
6. Me siento fortalecido después de trabajar con las personas a las que he ayudado.
7. Encuentro difícil separar mi vida personal de mi vida profesional.
8. Pierdo el sueño por las experiencias traumáticas de las personas a las que he ayudado.
9. Creo que he sido afectado negativamente por las experiencias traumáticas de aquellos a quienes he ayudado.
10. Me siento "atrapado" por mi trabajo.
11. Debido a mi profesión tengo la sensación de estar al límite en varias cosas.
12. Me gusta trabajar ayudando a la gente.
13. Me siento deprimido como resultado de mi trabajo.

14. Me siento como si fuera yo el que experimentara el trauma de alguien al que he ayudado.

15. Tengo creencias (religiosas, espirituales u otras) que me apoyan en mi trabajo profesional.

16. Estoy satisfecho por cómo soy capaz de mantenerme al día en las técnicas y procedimientos de asistencia médica.

17. Soy la persona que siempre he querido ser.

18. Mi trabajo me hace sentirme satisfecho.

19. Por causa de mi trabajo me siento agotado.

20. Tengo pensamientos de satisfacción acerca de las personas a las que he ayudado y sobre cómo he podido ayudarles.

21. Me siento abrumado por la cantidad y tipo de trabajo que tengo que afrontar.

22. Creo que puedo hacer cambiar las cosas a través de mi trabajo.

23. Evito ciertas actividades o situaciones porque me recuerdan a las experiencias espantosas de la gente a la que he ayudado.

24. Planeo continuar con mi trabajo por muchos años.

25. Como resultado de mi trabajo profesional, tengo pensamientos molestos, repentinos, indeseados.

26. Me siento "estancado" (sin saber qué hacer) por cómo funciona el sistema sanitario.

27. Considero que soy un buen profesional.

28. No puedo recordar determinados acontecimientos relacionadas con víctimas muy traumáticas.

29. Soy una persona demasiado sensible.

30. Estoy feliz por haber elegido hacer este trabajo.

Instrucciones para la Auto Calificación de Investigación de Información de ProQOL – CSF-vIV: Calidad de Vida del Profesional: Satisfacción de Compasión y Subescalas de Fatiga

Por favor, anote lo que ha encontrado en este cuestionario y considere que las siguientes puntuaciones deberían ser usadas como una guía, no como información confirmatoria. Las subescalas y los puntos de corte se han derivado teóricamente. Cuando sea posible, los datos deberían de ser usados de una manera continua así como la puntuación de corte. Estos puntos de corte deben usarse como orientación y ejemplos comparativos, no como información diagnóstica o confirmatoria.

Instrucciones para la auto calificación:

1. Estar seguro de su respuesta en todos los ítems.
2. Algunos ítems son inversos, y la puntuación obtenida sería la contraria.
3. La puntuación inversa sería (por ejemplo, 0=0, 1=5, 2=4, 3=3). Los ítems cuya puntuación hay que invertir son cinco: 1, 4, 15, 17 y 29.
Nota: la puntuación 0 no es reversible porque a pesar de todo, es una evaluación nula en la dirección del
ítem.
4. Marca los ítems según:
a. Poner una x en los siguientes diez ítems: 3, 6, 12, 16, 18, 20, 22, 24, 27, 30
b. Poner un "visto" en los siguientes diez ítems: 1, 4, 8, 10, 15, 17, 19, 21, 26, 29
c. Poner un círculo en los siguientes 10 ítems: 2, 5, 7, 9, 11, 13, 14, 23, 25, 28
5. Sume los números que anotó por cada uno de los ítems y compárelos con las puntuaciones teóricas.
6. Escriba sus respuestas debajo. La puntuación está basada en puntos de corte teóricos derivados de continuas investigaciones y aproximaciones. Si usted tiene alguna pregunta cuestión o duda, debería discutirla discutirlas con el mismo profesional de ayuda.

La puntuación media en esta escala es de 13 (SD 6; alpha .80). Aproximadamente el 25% de gente puntúa por debajo de 8 y un 25% de la gente por encima de 17. Si su puntuación está por encima de 17, usted puede tomarse algún tiempo para pensar sobre lo espantoso que es para usted su trabajo o si hay alguna otra razón para esta elevada puntuación. A pesar que puntuaciones altas no significan que usted tenga un problema, sí son un indicador de que usted puede querer preguntarse sobre cómo se siente ante su trabajo y lo que a éste le rodea. Usted puede desear discutir esto con su supervisor, un compañero de trabajo, o con un profesional.

CAPÍTULO 2:

SEIS DIMENSIONES DE LA VIDA LIBRE DE ETS

Como hemos visto, las investigaciones indican que la exposición continua al trauma de los demás puede llevar a los profesionales de trauma a manifestar síntomas iguales o similares a los de las víctimas con las cuales trabajan. En otras palabras, los síntomas del estrés traumático secundario (ETS) son esencialmente los mismos síntomas del trauma primario e incluyen re experiencia, evitación e hiperexcitación. El estrés traumático secundario (ETS) sin tratar, conduce a fatiga por compasión, que se manifiesta al sentirse cansado y agotado; conduce a un profundo sentimiento de ineficacia en el trabajo; y puede ocasionar angustia emocional, desapego, comportamiento profesional ineficaz y depresión.

La mayoría de profesionales del trauma son conscientes de que existe el estrés traumático secundario, pero muchos pueden estar en negación o les cuesta reconocer el impacto que el ETS tiene sobre sus propias vidas. Laura Van Dernoot Lypsky, una defensora desde hace mucho tiempo en el campo de la prevención de la violencia interpersonal, escribe sobre su propia dificultad para reconocer los efectos negativos del estrés traumático secundario en su vida, a pesar del repetido estímulo de sus seres queridos para tomarse un tiempo libre o posiblemente considerar una línea de trabajo diferente. (Lypsky,

2009). Durante años ella no escuchó. Finalmente, el momento de la verdad llegó para ella en medio de su familia y amigos, mientras estaba en un acantilado con una hermosa vista. En lugar de disfrutar de su compañía y el mar Caribe, ella estaba pensando acerca de cuántas personas podían haberse suicidado saltando desde el acantilado, y donde podría estar el centro de trauma más cercano. Ella se dio cuenta de que"comenzó a trabajar armada con una ardiente pasión y un tremendo compromiso, pero muy pocos otros recursos internos".

Saakvine, Pearlman, Lypsky y otros investigadores del ETS también han expuesto la verdad sobre el trabajo de trauma. En lugar de hacer una patologización de los efectos negativos de trabajar con el trauma de los demás, ellos los normalizaban como reacciones naturales y universales al trauma, de manera similar a los enfoques que los profesionales del trauma toman cuando trabajan con sobrevivientes de trauma. Pero lo más importante, ellos ofrecen soluciones creativas, preventivas.

Karen Saakvine y Laurie Anne Pearlman sugieren que la prevención del ETS es doble: en primer lugar, debemos abordar el estrés del ETS mediante el auto cuidado, nutriendo actividades y escapando. En segundo lugar, podemos trasformar la desesperación, desmoralización y pérdida de esperanza del ETS mediante la creación de significado, desafiando las creencias y suposiciones negativas, y participando en actividades de desarrollo de la comunidad. "Aunque creemos que los efectos del estrés traumático secundario son inevitables y permanentes, también creemos que son modificables. Así, a pesar de que esto lo cambiará, hay mucho que puede hacer "(Saakvine y Pearlman, 1996). Para el estudiante visual, como yo misma, he creado un gráfico de estos conceptos que puede ver en la figura 2.

Figura 2. La prevención del estrés traumático secundario es bipartita.

Esta solución bipartita al estrés traumático secundario es muy importante. Durante muchos años pasados el autocuidado en la defensa de víctimas ha sido llevado a la vanguardia del movimiento, y esto es grandioso. Sin embargo, la segunda parte de la solución, las actividades trasformadoras de efectos psicológicos negativos, como una vida rica fuera del trabajo; identificar, ocuparse y cumplir con objetivos a largo plazo; descubrir y perseguir sus pasiones; desarrollar fuertes sistemas de soporte fuera del trabajo no son enfatizadas en absoluto y a menudo son completamente olvidadas. Siendo realistas, uno no puede trasformar la desesperación, pérdida de esperanza y nihilismo causado por el estrés traumático secundario tomando un baño de burbujas o recibiendo un masaje. Esto no va a suceder. Por lo tanto, cuando solo hablamos del autocuidado como una herramienta de prevención del estrés traumático secundario, solo hablamos acerca de la mitad de la solución. Y por supuesto, cuando se trata del estrés traumático secundario, las medidas a medias son muy insuficientes.

He desarrollado una herramienta diseñada para ayudarnos, como defensores de víctimas, a desarrollar un plan integral de prevención del estrés Traumático Secundario que abarca tanto las actividades de autocuidado como las actividades trasformadoras del Estrés Traumático Secundario, con el objetivo de traer bienestar, satisfacción y alegría a nuestras vidas. Se llama la Rueda de Equilibrio de Vida. Dele un vistazo en la Figura 3. Puede descargar un archivo de la Rueda de Equilibrio de Vida en color y de un tamaño mayor en www.olgaphoenix.com.

Figura 3. Rueda de Equilibrio de Vida.

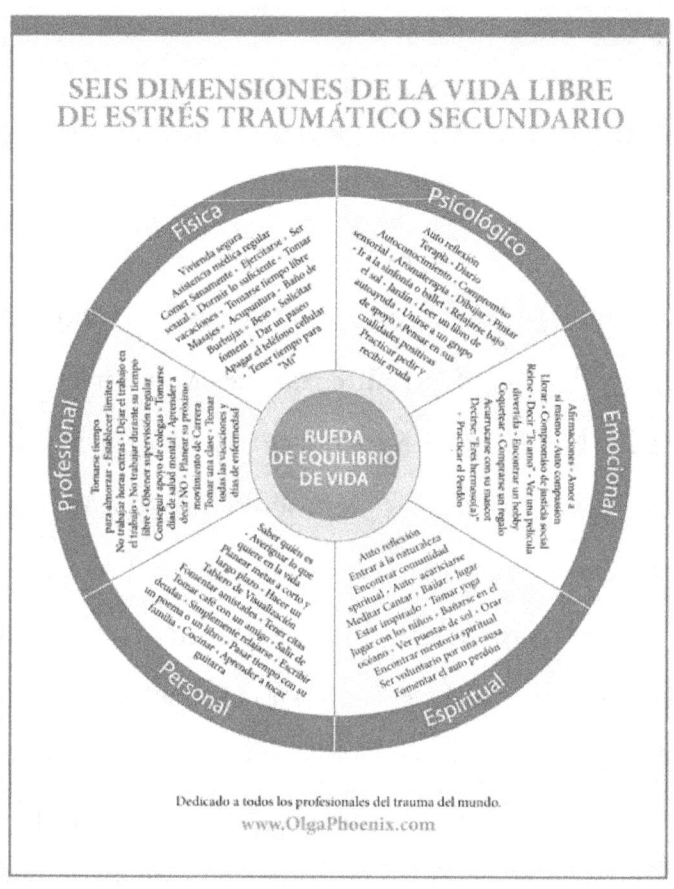

La Rueda de Equilibrio de Vida está diseñada para ayudar a los trabajadores que tratan traumas a vivir vidas plenas libres de estrés traumático secundario. La Rueda de Equilibrio de Vida es una herramienta de empoderamiento, afirmación y positiva para los defensores de víctimas. La rueda se compone de seis dimensiones: física, psicológica, emocional, espiritual, personal y profesional. Cada dimensión representa una parte de nuestras vidas que requiere nuestra diaria atención.

Todas las seis dimensiones son igualmente importantes: sin alimentar y atender nuestras necesidades físicas, no podemos ser eficaces en nuestras vidas profesionales; sin cultivar los aspectos fisiológicos y emocionales de nosotros mismos, no podemos negar la desesperación, desmoralización y pérdida de esperanza impuestas por el estrés traumático secundario de manera efectiva.

Me gusta pensar acerca de la Rueda de Equilibrio de Vida como el asiento de una silla, con las seis dimensiones siendo sus seis patas. Mi silla de Equilibrio de Vida es firme y me soporta perfectamente cuando nutro y cuido igualmente todas las seis dimensiones de mi vida. Sin embargo, cuando disminuye mi enfoque sobre algunas partes de mi vida — si, por ejemplo, me olvido de atender necesidades físicas o emocionales por trabajar demasiado, mi silla de Equilibrio de Vida se vuelve tambaleante y temblorosa, justo al igual como mi vida se vuelve desequilibrada e insalubre. Aquí es cuando me vuelvo especialmente vulnerable al estrés traumático secundario y burnout.

Con el fin de que la Rueda de Equilibrio de Vida funcione, necesita ser preventiva y sustentable. Esto significa que no podemos poner una copia de la Rueda en la pared de nuestro trabajo y esperar nunca experimentar los efectos del estrés traumático secundario. Por el contrario, la Rueda de Equilibrio de Vida debe convertirse en parte integral de nuestra vida. Lo invito a experimentar los 88 ejercicios sugeridos en la Rueda de Equilibrio de Vida hasta que sepa cuáles desea adaptar a su vida y luego practicarlos tan a menudo como pueda.

En primer lugar, estas actividades deben realizarse regularmente, antes de una crisis. Digamos que le gusta una particular meditación de relajación guiada en CD. Para que esta meditación funcione bien para usted en una crisis, debe practicarla regularmente y saber con certeza que funciona para usted. En primer lugar, como la palabra "preventiva" implica, este método en particular puede impedirle que entre a un estado de crisis.

En segundo lugar, su estilo de vida libre de estrés traumático secundario debe ser sustentable. Esto significa realizar esfuerzos realistas y continuos que lo mantendrán saludable continuamente a través de su carrera. Por ejemplo, nunca llegaré a ser madrugador, así que sé que despertarme a las 4:00 am para ir al gimnasio probablemente no funcionará a largo plazo. Este tipo de pensamiento no realista no solo es insostenible, sino auto saboteador. Si elige algo que disfruta, será mucho más fácil hacerlo parte preventiva y sostenible de su estilo de vida libre de estrés traumático secundario.

La Rueda de Equilibrio de Vida y las Modalidades Alternativas de Curación

En general, la Rueda de Equilibrio de Vida contiene 88 sugerencias para una gama de prácticas de prevención del estrés traumático secundario, que van desde satisfacer las necesidades físicas básicas para encontrar el propósito y significado de su vida a través de las dimensiones psicológicas y espirituales. El objetivo es brindar a los profesionales que tratan traumas una gran variedad de herramientas de auto cuidado que puedan explorar, probar y adaptar a un estilo de vida personalizado, preventivo y sostenible libre de estrés traumático secundario.

Muchas de las prácticas ofrecidas en la Rueda de Equilibrio de Vida son reconocidas como Modalidades Alternativas de Curación. El término Modalidades Alternativas de Curación se refiere a cualquier forma de tratamiento que está fuera de la medicina occidental tradicional. En términos generales, el modelo de Modalidades Alternativas de Curación considera a un ser humano como un organismo complejo en el que cuerpo, mente y espíritu están interconectados dinámicamente. Una conexión entre cuerpo y mente consciente e intencional puede tener un profundo efecto sobre la curación. El estado de ánimo, actitud y creencias personales pueden influir en la salud física, mental y emocional de una persona. Las Modalidades Alternativas de Curación están diseñadas para incrementar el impacto positivo de la mente sobre el cuerpo a través de métodos simples, como atención plena, meditación, respiración consciente y varias técnicas de relajación.

Por ejemplo, la meditación se ha utilizado durante miles de años para facilitar la curación y aliviar el sufrimiento. Los efectos calmantes de la meditación permiten al cerebro y cuerpo trabajar juntos más eficazmente, resultando en claridad de pensamiento, menor presión arterial y un sistema nervioso más tranquilo. La meditación es ampliamente utilizada para el tratamiento de trastornos del humor, colesterol alto, hipertensión arterial y dolores de cabeza. Mary Beth Jansenn (2009), autora de la Curación de Placer: Prácticas Conscientes y el Sagrado Ritual del Spa, reporta las siguientes enormes ventajas de la meditación:

La meditación puede:

- ayudarnos a desarrollar una corteza cerebral más gruesa que los no meditadores, lo que significa mayores niveles de agudeza mental;
- promover el recableado de los circuitos del cerebro que nos hacen más fuertes y resilentes;

- crear felicidad cambiando significativamente las ondas cerebrales desde la corteza pre frontal derecha a la corteza pre frontal izquierda, donde residen las emociones positivas y optimismo;

- regular las hormonas y aumentar los niveles de serotonina del cerebro, el químico cerebral que nos hace sentir bien; y

- proporcionar alivio de la ansiedad y depresión al disminuir los niveles de cortisol.

Hay cientos de diferentes modalidades alternativas de curación practicadas por todo el mundo. Las formas más populares de modalidades alternativas de curación practicadas en los Estados Unidos son la acupuntura, aromaterapia, arte terapia, quiropráctica, danza terapia, respiración profunda, herboristería, visualización guiada, masaje, meditación, relajación muscular progresiva, Tai Chi, Reiki, reflexología y Yoga. Cada práctica puede incorporarse fácilmente a su vida diaria, proporcionando equilibrio, enfoque positivo y alivio cuando sea necesario. Más información sobre cada modalidad a continuación:

Acupuntura:

Se insertan agujas finas en puntos específicos para estimular, dispersar y regular el flujo de energía vital y restablecer un equilibrio de energía saludable.

Aromaterapia:

Mediante el uso de aceites esenciales extraídos de plantas, la aromaterapia trata el estrés y ansiedad. Los aceites son masajeados sobre la piel en forma diluida, inhalados o colocados en baños.

Arte terapia:

Este tipo de terapia a veces llamada terapia de artes creativas o terapia de artes expresivas, anima a la gente a expresar y entender las emociones a través de la expresión artística y el proceso creativo.

Quiropráctica:

La atención quiropráctica piensa que los desalineamientos de las vértebras que causan presión en las raíces nerviosas espinales, son la raíz de muchas enfermedades. La curación es alcanzada mediante la manipulación de las vértebras y liberación de la presión de la columna vertebral.

Danza terapia:

La terapia de danza o movimiento usa los movimientos expresivos como una herramienta terapéutica para la expresión personal y sanación emocional o psicológica.

Respiración profunda:

Es una técnica de relajación simple, pero potente, es la piedra angular de muchas otras prácticas de relajación y puede combinarse con otros elementos relajantes tales como la aromaterapia y música.

Herboristería:

La herboristería usa plantas naturales para tratar una variedad de enfermedades y mejorar el funcionamiento de los sistemas del cuerpo.

Visualización guiada:

La visualización guiada es un programa de pensamientos y sugerencias dirigidas que orientan la imaginación hacia un estado relajado y enfocado. Uno puede utilizar un instructor, cintas o secuencias de comandos para ayudar a este proceso.

Masaje:

Término general para una variedad de enfoques terapéuticos que involucran la práctica de la manipulación de los músculos de una persona y otros tejidos blandos con la intención de mejorar el bienestar de una persona.

Meditación

La devoción o ejercicio mental privado, en el cual se utilizan técnicas de concentración y contemplación para alcanzar un mayor nivel de conciencia espiritual o mejorar el bienestar de una persona.

Relajación muscular progresiva:

La relajación muscular progresiva implica un proceso de dos pasos en el cual una persona sistemáticamente tensa y relaja diferentes grupos musculares del cuerpo. Nos ayuda a detectar y contrarrestar los primeros signos de la tensión muscular que acompaña al estrés.

Tai Chi:

Originalmente desarrollado para defensa personal, el Tai-Chi ha evolucionado hacia una forma elegante de ejercicio que ahora se utiliza para reducir el estrés y una variedad de otras condiciones de salud. A menudo, descrito como meditación en movimiento, el Tai Chi promueve la serenidad mediante la realización de suaves movimientos.

Reflexología:

Esta modalidad se basa en la idea de que puntos específicos en los pies y las manos se corresponden con órganos y tejidos de todo el cuerpo. Con los dedos y pulgares, el practicante aplica presión a estos puntos para tratar una amplia gama de estrés relacionado con las enfermedades.

Reiki:

Los practicantes de este antiguo sistema tibetano de curación usan un ligero posicionamiento de la mano para canalizar las energías curativas al destinatario y ayudar al destinatario a alcanzar claridad y enfoque espiritual.

Yoga:

Una disciplina física y mental practicada para alcanzar el equilibrio físico y emocional, logrado a través de una serie de posturas y ejercicios de respiración.

CAPÍTULO 3:

SEIS DIMENSIONES EN ACCIÓN

En este capítulo, exploraremos y practicaremos varios ejercicios de las seis dimensiones de la Rueda de Equilibrio de Vida. Como dije en el capítulo anterior, la rueda contiene 88 diversas actividades de prevención del estrés traumático secundario. En este capítulo, me gustaría invitarlo a practicar estas actividades conmigo y ver cuáles van con usted. El objetivo es elegir una o dos actividades en cada dimensión y practicarlas con frecuencia, dedicando igual atención a las seis dimensiones, ya que son igualmente importantes. Si alguna actividad no funciona para usted, no hay problema, vuelva a la Rueda de Equilibrio de Vida y elija algo en lo que usted está interesado o mejor aún, escriba su propia actividad que sabe que funcionará para usted. Finalmente, usted tendrá una gran variedad de herramientas con las cuales trabajar: Esto se convertirá en su Plan de Equilibrio de Vida de confianza, abarcando las actividades de prevención del estrés traumático secundario que cuidan su cuerpo para crear una vida significativa fuera de su trabajo. Vamos a crear un Plan de Equilibrio de Vida preventivo y sustentable que funcione para USTED.

1. Dimensión Física

¿En Crisis? ¡Auto cálmese con sus sentidos!

¡En primer lugar, simplemente respire! Tome una enorme respiración, inhale y exhale, inhale y exhale. Respire con la barriga, inhale y exhale, inhale y exhale. Relaje sus hombros, inhale y exhale, inhale y exhale. ¿Todavía sigue mareado?

Según las ramas de la psicología denominadas psicología de uno mismo y teoría del apego, la capacidad de regular nuestros sentimientos y emociones fuertes (calmarse a uno mismo) es el núcleo de nuestro bienestar. La teoría del apego sugiere que aprendemos técnicas auto calmantes de nuestros cuidadores primarios, como los padres o tutores. Algunos de mis amigos son auto calmantes naturales; es como si fueran a una clase especial de auto calmado (las que a mí personalmente me faltaron) en la escuela primaria. Las posibilidades son que sus padres hayan tenido fuertes habilidades para la regulación de emociones y que las hayan pasado a sus hijos. A veces, crecemos y nos damos cuenta que nuestros cuidadores primarios nos dieron solamente malsanos mecanismos de afrontamiento, y luego vamos a terapia para aprender nuevas maneras positivas de afrontar.

En el trabajo de trauma nos enfrentamos a niveles extremos de sufrimiento humano y a veces nuestras crisis personales y profesionales pueden desencadenar un torrente de emociones o incluso producir una experiencia disociativa. Las técnicas auto calmantes pueden ser salvavidas a medida que capeamos emociones dolorosas, esperamos a que la crisis pase y toleramos los sentimientos de ira, vergüenza o desesperación sin llegar a volvernos (auto) destructivos. Hay mil una maneras de auto calmarse, y cada uno de nosotros tiene que almacenar su propio conjunto de herramientas con recursos que funcionen para ellos personalmente. A veces, los fuertes sentimientos y emociones pueden causar que nos olvidemos completamente de auto calmarnos de manera positiva. Guardo una ficha en mi billetera con mis instrucciones de auto calmado personales. De esta manera, si estoy muy afligida, siempre puedo contar con que mi lista estará a mi alcance.

Usando sus Sentidos para Auto Calmarse

Encuentro los ejercicios para "Auto calmarse con los 5 sentidos" muy fáciles de recordar. Hay muchos de ellos, tocaré dos que funcionan para mí. En términos generales, cuando esté agobiado, concéntrese en sus sentidos para despejar su mente de pensamientos negativos. Luego, pruebe una de estas técnicas:

Técnica de Conteo de sus Sentidos 1-2-3-4-5 (Alberts, 2009)

1. Nombre 1 aroma que pueda oler.
2. Nombre 2 sonidos que pueda oír.
3. Describa 3 sensaciones que su cuerpo sienta.
4. Identifique 4 colores que pueda ver.
5. Nombre 5 cosas que vea frente a usted.

Técnica de auto calmarse con sus 5 sentidos (Habilidades Terapéuticas de Comportamiento Dialéctico)

Esta técnica es ampliamente utilizada en la Terapia Dialéctica Conductual (TDC) para la regulación emocional y tolerancia de angustia. La Terapia Dialéctica Conductual (TDC) es una forma de psicoterapia que fue originalmente desarrollada por Marsha M. Linehan, una investigadora de psicología de la Universidad de Washington y autora del *Manual de Capacitación de Habilidades para tratar el Trastorno de Personalidad Limítrofe*, para tratar a personas con trastorno de personalidad borderline (BPD) y tendencias suicidas crónicas. Más recientemente, investigadores como Decker y Naugle han descrito su uso en el tratamiento de lesiones cerebrales traumáticas (TBI), trastorno de estrés postraumático (TEPT), desórdenes alimenticios, dependencia química, abuso sexual y diversos trastornos del ánimo. Los pacientes TDC generalmente asisten a terapia de grupo y terapia individual una vez por semana durante un año, donde aprenden sobre regulación emocional, tolerancia a la angustia, eficacia interpersonal, aceptación y atención consciente, en gran parte basada en la práctica de meditación budista.

Aquí he incluido el gráfico "Auto calmarse con los 5 Sentidos" para usted. Puede hacer fácilmente uno por usted mismo con actividades que funcionen para usted. ¡Con la práctica, usted comenzará a notar que auto calmarse de una manera positiva le viene naturalmente!

Figura 4. Auto Calmarse con sus Cinco Sentidos.

HABILIDADES DE SUPERVIVENCIA A CRISIS

Auto cálmese con sus Cinco Sentidos

VISTA:
Mire la belleza de la naturaleza, fotos hermosas, arte, arquitectura

GUSTO:
Tomar té de manzanilla y menta, comer lentamente y conscientemente, saborear cada bocado

OÍDO:
Escuchar música, pájaros, lluvia, olas del océano, niños riendo, meditación guiada

TACTO:
Tomar un baño de burbujas, poner sábanas limpias en su cama, acariciar a sus mascotas lenta y conscientemente.

OLFATO:
Usar su perfume favorito, velas perfumadas, salvia quemada, cocinar, comprar flores

¿QUE FUNCIONA PARA USTED?

Basada en

Competencias de Terapia DBT

Ejercicio Guiado de Visualización con los 5 Sentidos

"Mi Lugar Seguro"

Cuando usted necesite una reducción inmediata del estrés, los Ejercicios Guiados de Visualización con los 5 Sentidos "Mi Lugar Seguro" son muy eficaces. El objetivo de este ejercicio de visualización es determinar su lugar seguro personal, donde usted puede "retirarse" en su mente, auto aliviarse y sobrevivir a una situación de crisis sin verse abrumado por las emociones negativas o ser autodestructivo. Puede practicarlo con un amigo o grabarlo y escucharlo cuando sea necesario. Como con todas las herramientas presentadas en este libro, para ser eficaz, una herramienta concreta debe convertirse en una parte de su plan de cuidado y bienestar personal diario. En otras palabras, practicar, practicar, practicar es la clave para la prevención y sostenibilidad.

Antes de iniciar su ejercicio de visualización guiada, piense en un lugar real o imaginario que lo haga sentirse a salvo. Para mí, los sonidos e imágenes del océano son siempre el camino a seguir. Otros prefieren montañas, cabañas junto al mar, infinitos campos de flores, o simplemente sentarse en una gran nube en el cielo, sintiéndose seguros. Para inspiración, dele un vistazo a algunos de mis favoritos personales, en la figura 5. Elija su lugar y entonces usted podrá comenzar la visualización guiada.

Figura 5. Visualización Guiada de Lugar Seguro

Instrucciones:

Para empezar, siéntese en una posición cómoda con la espalda recta, los pies planos sobre el piso y sus manos colocadas cómodamente sobre su regazo. Usted puede cerrar los ojos si lo desea. Comience por inhalar y exhalar, inhale y exhale, sintiendo como la calma y relajación entra lentamente a su cuerpo. Sienta su vientre expandiéndose como un globo, inhale y exhale. Continúe respirando lenta y profundamente durante el resto del ejercicio.

Ahora imagine su lugar seguro usando todos sus cinco sentidos para realmente conectarse a tierra en la escena.

Visión: ¿Qué ve? ¿Qué aspecto tiene este lugar? ¿Está en el interior o en el exterior? ¿Es de día o noche? ¿Ve el sol, luna, estrellas, lluvia o nieve? ¿Ve a otras personas o animales? Tómese unos minutos respirando profundamente y busque su lugar seguro.

Audición: ¿Qué ha oído? ¿Aves, animales, música, olas, silencio? Elija un sonido relajante y concéntrese en él durante unos instantes, inhale y exhale, inhale y exhale.

Olfato: ¿Qué huele? ¿Océano, lluvia, tormenta, chimenea, la cena cocinada, flores, brisa, sus mascotas? Elija un olor suave y concéntrese en él durante unos instantes, respirando profundamente, inhale y exhale, inhale y exhale.

Tacto: ¿Qué puede tocar en su lugar seguro imaginario? ¿Arena, agua, piel, tela de terciopelo, hierba recién cortada? Elija algo relajante para tocar durante unos instantes, inhalando y exhalando profundamente, inhale y exhale.

Gusto: ¿hay algo que pueda degustar en su visualización de lugar seguro? ¿Té de manzanilla, sandía, rocío marino, cena? Concéntrese en algo relajante que probar y respire profundamente durante unos instantes.

Ahora tómese unos momentos para explorar la visualización de su lugar seguro con todos sus sentidos. Piense en cuan seguro, aliviado y relajado se siente ahí. Haga una nota mental para que usted pueda llegar ahí en cualquier momento que necesite sentirse seguro y relajado. Usted puede regresar cuando esté en crisis, haya tenido un mal día o simplemente quiera salir y respirar profundamente durante un momento.

Continúe respirando profundamente, inhale y exhale, inhale y exhale. Sienta como su cuerpo está relajado y seguro. Cuando esté listo, abra los ojos y llegue a su nivel habitual de vigilia y alerta. Usted está seguro, aliviado y relajado. Todo estará bien.

2. Dimensión Psicológica

Con una buena conexión a tierra en nuestros cuerpos físicos, podemos continuar y abordar las vías psicológicas a la curación. A veces cambiar su mentalidad psicológica es tan fácil como dejar ir al elemento negativo que lo está afectando y en cambio enfocarse en las docenas de positivos.

Nuestro Sesgo de Negatividad

El Dr. Rick Hanson presentó una investigación innovadora en su libro *Solo una Cosa*. En él, escribe que los científicos creen que el cerebro humano tiene un sesgo de negatividad incorporado. Esto es debido a que dado que nuestros antepasados lucharon por sobrevivir durante millones de años de evolución, el pensamiento negativo, como el miedo y estar alerta ante posibles peligros, tuvieron un mayor impacto sobre la supervivencia que el pensamiento positivo, el cual podía conducir a alguien a descartar los peligros reales. El cerebro generalmente reacciona más fuertemente ante un estímulo negativo que ante uno positivo igualmente intenso. Los animales, incluyendo a las personas, aprenden más rápido del dolor que del placer.

La mayoría de la gente trabaja más duro para evitar perder algo de lo que va a trabajar para ganar lo mismo, creando una fuerte resistencia al cambio. Hanson escribe que nuestro cerebro es como Velcro para las experiencias negativas y como Teflón para las positivas. Eso empuja nuestros sentimientos, creencias, expectativas y estados de ánimo en una dirección cada vez más negativa. Hace más difícil ser positivo, agradecido y dar a los demás.

Pero al desafiarnos a nosotros mismos a concentrarnos en el pensamiento positivo, podemos desafiar este sesgo humano incorporado de negatividad. Realmente podemos resaltar nuestras emociones y experiencias positivas, hacer un punto en concentrarnos en esto, llegar a conocerlo, disfrutarlo. Podemos crear un "banco de referencia interna positivo," realmente resaltarlo por nosotros mismos, hacer un punto de disfrutar realmente los sentimientos positivos acerca de nosotros mismos, otros y el mundo que nos rodea. ¡En efecto, podemos re cablear nuestro cerebro para la felicidad! Esta conclusión está firmemente arraigada en la Neurociencia y apoyada por el descubrimiento de que el cerebro es neuroplástico y puede ser cambiado o reconectado.

La investigación de Rick Hanson respalda la conclusión de Saakvine y Pearlman acerca de que en cualquier momento desafiamos nuestras suposiciones y creencias negativas, reclamamos o creamos significado, y así trasformamos activamente el estrés traumático secundario. Crear significado está en el extremo opuesto del espectro de la erosión de creencias y suposiciones que los profesionales del trauma enfrentan mientras sufren estrés traumático secundario. Uno puede crear significado a través de desafiarse a sí mismo a descubrir la importancia y sustancia en las actividades de la vida cotidiana. Mediante la atención consciente, conectar todos los aspectos de nuestras vidas se vuelve más fácil, ayudando así a los profesionales del trauma a fomentar la gratitud y reconocimiento hacia las personas y las cosas en sus vidas. Participar en actividades de desarrollo comunitario ya sea si esta comunidad es nuestra familia, escuela, lugar de trabajo, o grupo con afiliación política, desafía y compensa el aislamiento físico, psicológico, emocional y espiritual del estrés traumático secundario.

Estos son algunos ejemplos de cómo podemos aplicar este fascinante material científico a nuestra vida diaria. Lo más probable es que recuerde esa evaluación del supervisor que tuvo 30 puntos positivos y uno negativo. O esa "Lista de Pendientes" con una tarea de diez incompleta. O esa asignación en la que obtuvo una B en la Universidad. El denominador común aquí es esa ÚNICA cosa negativa, y apuesto a que la recuerda mucho mejor que todas esas otras cosas positivas combinadas, ¿no es así?

Como yo, usted puede ser su peor crítico. Sé que mucha gente con la que he trabajado en el pasado lucha contra lo mismo. Encontré que uno de los mejores ejercicios para fomentar esa referencia interna positiva sobre uno mismo es superar lo negativo ahogándolo con lo positivo.

Lo que hago es crear una lista de las "100 Cosas que Adoro de Mí": Entonces, en tiempos de crisis, cuando emerge ese pensamiento auto despreciativo, listo para atacar mi punto débil, hago esta lista para recordarme a mí misma, que de hecho, ¡no soy una perdedora, sino una criatura hermosa, creativa, talentosa y fascinante de este universo!

Sí, se requiere esfuerzo para escribirla y un doble esfuerzo para recordar usarla en contra de su propia mente parcializada negativamente. Pero con la práctica, usted disfrutará la ausencia de la crítica interna y por el contrario, sentirá la incipiente presencia del amor propio y apreciación.

Aquí están 20 elementos seleccionados al azar de mi lista de "100 Cosas que Adoro de Mí". Por favor, úsela como una referencia o una fuente de inspiración para su propia lista. Recuerde, ¡la felicidad es un viaje, no un destino!

1. Adoro que NO tengo miedo de correr riesgos.

2. Soy aventurera.

3. Soy una hermana amorosa y solidaria.

4. Soy una sobreviviente resilente.

5. Respeto y amo la diversidad de cualquier tipo, que me hace ser de mente abierta y tolerante.

6. Soy fuerte, profundamente comprometida con mi recuperación del trauma y todo lo demás contra lo que lucho.

7. Estoy comprometida al crecimiento y superación personal.

8. No tengo miedo de ser honesta conmigo misma y otros.

9. Tengo agallas.

10. Tengo un fuerte impulso y pasión por hacer de este mundo un lugar mejor.

11. Amo mis ojos, mi cabello, mis pechos, mi trasero, mis muslos, mis piernas, mis pies.

12. Reconozco mis fortalezas.

13. Soy una gran nadadora y adoro el agua.

14. Soy auténtica.

15. Soy divertida.

16. Soy una amiga leal y confiable.

17. Soy muy curiosa e interesada.

18. Me gusta la vinculación y conectarme con las personas.

19. Soy una madre cariñosa para mis bebés felinas.

20. Tomo medidas para alcanzar mis metas y sueños.

¡Espero que tenga un muy agradable viaje de autodescubrimiento al escribir su propia lista! ¡No espere otro minuto para conocerse y apreciarse!

Gratitud

La gratitud es otra forma de vencer los prejuicios de la negatividad y desarrollar su banco de referencia positiva interno. La gratitud es compatible con el sentido de cumplimiento y apreciación por lo que ya tenemos. Como sabemos, la insatisfacción con uno mismo o con la vida de uno lleva al sufrimiento. Cultivar una "actitud de gratitud" diariamente lo enfoca en los aspectos positivos de la vida, trayendo así satisfacción y moldeando nuestra actitud ante la vida en una dirección cada vez más positiva. El Dr. Rick Hanson (rickhanson.net) escribe sobre las cualidades curativas de la gratitud. Según el Dr. Hanson, la gratitud:

- calma la respuesta al estrés, lo cual fortalece nuestro sistema inmunológico para que así podamos pelear mejor contra los resfriados y apoya la neuroquímica del bienestar y nos protege contra la depresión;

- desarrolla nuestra resistencia, para que así podamos recuperarnos más rápido de los acontecimientos difíciles de la vida;

- fomenta la apreciación por las personas que nos importan, desarrollando así los sistemas de "apoyo social" que ofrecen beneficios de salud adicionales por sí mismos; y

- lleva nuestra atención lejos del resentimiento, arrepentimiento y culpa que son la fuente de muchos problemas de salud.

Lista de Ejercicios de Gratitud:

Al principio o al final de cada día considere escribir una lista de gratitud. Anote cinco a diez elementos por los cuales está agradecido en este momento: su salud, su familia, sus hijos caninos / felinos, su educación, su trabajo, sol, risas, agua limpia, una nevera surtida, combustible en su auto. Tómese unos minutos y enfóquese en estos elementos y sienta realmente la sensación de gratitud por estar sano, sobrio, tener amor de sus personas favoritas, ser capaz de cumplir sus sueños, etc. Reconozca el hecho de que generalmente, usted está increíblemente bendecido por estar vivo, seguro y protegido. Escribir una lista de gratitud diariamente es una manera segura de desarrollar nuevas vías positivas en nuestro cerebro, para crear nuevas actitudes positivas y sentirse más satisfecho y lleno.

Esté Agradecido...

Esté agradecido por no tener ya todo lo que
desea.
Si ya lo logró, ¿qué más podría esperar?

Esté agradecido por no saber algo.
Ya que esto le brinda la oportunidad de aprender.

Esté agradecido por los tiempos difíciles.
Durante esos tiempos usted crece.

Esté agradecido por sus limitaciones.
Porque le brindan oportunidades de mejorar.

Esté agradecido por cada nuevo reto.
Porque va a desarrollar su fuerza y carácter.

Esté agradecido por sus errores.
Ellos le enseñarán valiosas lecciones.

Esté agradecido cuando esté cansado y agotado,
porque significa que ha significado una
diferencia.

Es fácil estar agradecido por las cosas buenas.
Una vida de gran realización viene a aquellos
quienes también agradecen los reveses.

La gratitud puede convertir algo negativo en positivo.
Encuentre una manera de agradecer por sus problemas, y estos pueden llegar a ser sus bendiciones.

~ Autor desconocido

3. Dimensión Emocional

Los aspectos emocionales del estrés traumático secundario siguen naturalmente los elementos psicológicos, ya que los dos están frecuentemente entrelazados. Aquí, empezamos por darnos a nosotros mismos espacio emocional mediante la práctica de la autocompasión.

Auto Compasión

La *auto compasión* es extender la compasión por uno mismo en los casos de insuficiencia percibida, falla o sufrimiento general. La Dr. Kristin Neff, profesora asociada de Desarrollo Humano y la Cultura, del Departamento de

Psicología Educacional en la Universidad de Texas en Austin y una experta en el campo de la auto compasión, ha definido la auto compasión como compuesta por tres componentes principales: auto amabilidad, humanidad común y atención plena. Esto es lo que la Dr. Neff escribe acerca de los tres componentes de la auto compasión:

1. *Auto bondad:* La auto compasión se trata de ser gentil y amable con uno mismo cuando experimenta dolor y deficiencias personales, en lugar de ignorarlas o herirse con la autocrítica. Las personas auto compasivas entienden que ser imperfecto, fracasar y experimentar dificultades en la vida va a pasar, así que tienden a ser amables consigo mismas al tener emociones dolorosas en lugar de enojarse consigo mismas por no ser perfectas.

2. Humanidad común: Las personas a menudo se sienten frustradas consigo mismas y con la sensación percibida de su singular fracaso, como si ellas fueran las únicas del mundo entero que alguna vez fallaran. Esta es una experiencia común y muy aislante para muchos. Reconocer que muchos aspectos de nosotros mismos y las circunstancias de nuestras vidas no son de nuestra elección, sino que en cambio provienen de una multitud de factores (genéticos o ambientales) sobre los que tenemos poco control puede fomentar la empatía por uno mismo. La auto compasión también implica reconocer que el sufrimiento y fallas personales son una parte natural de la experiencia humana compartida.

3. Atención Plena: La atención plena es un estado mental sin prejuicios y receptivo en el cual los individuos observan sus pensamientos y sentimientos como son, sin intentar suprimirlos ni negarlos. La atención plena auto compasiva ayuda a balancear las emociones negativas de uno, de manera que esos sentimientos no sean suprimidos ni inflados. Por lo tanto, la persona está razonablemente consciente de sus emociones sin ignorar sus sentimientos ni pensar en ellos.

¿Qué pasa cuando no practica la auto compasión? Dele un vistazo a este post del blog de mi página web (www.olgaphoenix.com) que escribí después de seis meses de apoyarme plenamente a mí misma a través de mis conferencias, capacitaciones y seminarios web. Creo que muestra claramente la falta de auto compasión que puedo ejercer a veces, y cómo duele:

"¿Sabe lo que hago todos los miércoles desde los últimos 6 meses? Agonizo de dolor y miedo, ahogada en el mar de la insuficiencia y auto flagelación. ¿La razón? Oh, no es

nada, solo que tengo un seminario web todos los jueves, donde supuestamente soy LA EXPERTA en diversos temas, hago sugerencias, ofrezco soluciones reales a quienes son expertos en sí mismos. Voy al portal de mi seminario web y veo a 30, 40, 50 personas registradas que buscan herramientas y soluciones para mejorar su ambiente de trabajo, ser más eficaces en ayudar a otros y cuentan conmigo para proporcionarlas. Mi MIEDO me dice: "¿Quién eres tú para proporcionar este tipo de asesoramiento? ¿Qué te hace pensar que eres interesante / atrayente / bien informada / competente? ¡Nadie va a aparecer mañana! ¡Por qué no te conformas con ser mediocre y estar satisfecha con eso!"

El MIEDO, la siempre presente "Evidencia Falsa Apareciendo como Real", se burla de mí y me dice mentiras. Trae horrendas imágenes del estrepitoso fracaso de mi negocio, pobreza subsiguiente y, finalmente, falta de vivienda y la muerte. Intelectualmente, entiendo al MIEDO - mi mecanismo de defensa salvador que funcionó para mí durante esos años de mi infancia y adolescencia que fueron turbulentos y asolados por la violencia. Hace mucho, mucho tiempo, mi MIEDO no era falso, sino una herramienta muy real que me mantuvo VIVA. Mi MIEDO y yo sobrevivimos juntos en aquel entonces. Ahora, veinte años después, todavía tengo que recordarme a mí misma respirar muchas veces durante el día, me digo a mí misma que soy una adulta y que estoy segura.

Me siento más abrumada, incompetente y temerosa cuando soy reconocida por otros a través de registros en mis seminarios web, entrenamientos e invitaciones a realizar conferencias magistrales, cuando la gente está buscando mis conocimientos, experiencia, fortaleza y esperanza. Es ilógico, pero esa es la verdad.

¡Estoy muy agradecida por haber sido bendecida con amigas mujeres fuertes, maravillosas y fantásticamente talentosas! Según me dicen, también viven con MIEDO.

Estas dolorosas manifestaciones son un poco diferentes para cada uno de nosotros, pero los sentimientos de inadecuación y de no estar a la altura son los mismos. Intelectualmente, entendemos que ese MIEDO miente, pero duele, y a veces paraliza de todos modos. La semana pasada le pregunté a mi tía si alguna vez lidiaba con el MIEDO. Ella me dijo: "por supuesto que lo hago. Es la naturaleza humana. Solo tienes que probártelo a ti misma, todo el mundo ya sabe cuán fantástica, capaz e inteligente eres. ¡El truco es tener MIEDO y hacerlo DE CUALQUIER MODO!"

Creo que seguiré contándole a mis amigas cómo las veo: valientes, maravillosas, adaptables, sobrevivientes y prósperas. También voy a aceptar como LA VERDAD cómo ellas me ven a mí. Y voy a seguir haciendo el trabajo de defensa, a pesar de mi MIEDO. ¡Seguiré haciéndolo DE CUALQUIER modo!"

Incluso si lucho contra mi fracaso percibido y miedo a menudo, también intento ejercer algo de auto compasión a través de la atención consciente en cuanto a lo que está pasando conmigo y mis sentimientos. Compartir mis experiencias negativas con mi grupo de apoyo me permite romper el esquema de aislamiento y confirmar que lo que estoy sintiendo es una parte común de la experiencia humana. La atención plena, conciencia y compartir me permiten ser más suave y amable conmigo misma. Estoy feliz de informar, que ahora, muchas lunas después de que escribí esta entrada de blog, no siento un MIEDO tan agudo como lo experimentaba entonces: ¡Creo que la práctica, atención plena y autocompasión están haciendo el truco!

4. Dimensión Espiritual

Nutrir nuestro lado espiritual no necesariamente significa adherirse a alguna religión o filosofía en particular. En cambio, es una manera de apoyar a las partes más delicadas y profundas de nuestra humanidad, la fuerza espiritual que mantiene juntas a todas las partes.

Meditación

Existen cientos de diferentes tipos de meditación: caminar, atención consciente, benevolencia, visualización por nombrar unas pocas. Personalmente me encantan todos los tipos de meditaciones guiadas y tengo conmigo en todo momento un CD con meditación de relajación guiada. Démosle un vistazo a algunas maneras en las que usted puede comenzar la práctica de meditación de apoyo.

Medicación Relajante

Comience por encontrar una posición cómoda y relajada. Permita que su cuerpo comience a relajarse.

Inhale y exhale, inhale y exhale. Realice una inhalación limpiadora... y exhale la tensión de su cuerpo.

Sienta la relajación comenzando por la parte inferior de sus pies. Puede sentirse como en una bañera caliente... o puede sentir una sensación de hormigueo o simplemente calmarse y dejarse ir. Permita que la relajación se difunda sobre sus pies y hasta sus tobillos. Sienta la relajación elevándose por encima de sus tobillos, fluyendo por la parte inferior de sus piernas... hacia sus rodillas... continuando hasta la parte superior de sus piernas.

Permita que la relajación siga propagándose por todo su cuerpo, subiendo ahora a sus caderas y área pélvica... hasta su estómago y espalda... en su pecho y espalda superior.

Deje que se relaje la parte superior de sus brazos... sus codos... sus muñecas... sus antebrazos... sienta que la relajación se extiende a sus manos... relajando las palmas de sus manos... la parte posterior de sus manos... cada dedo y sus pulgares... sus manos se sienten agradablemente calientes, pesadas y relajadas. Deje que sus hombros caigan hacia atrás un poco.

Permita que la parte superior de su espalda se relaje aún más... deje que sus hombros se relajen... y que su cuello se relaje. Sienta como la relajación sigue difundiéndose a su barbilla... la parte posterior de su cabeza... su boca... sus

OLGA PHOENIX

mejillas... nariz... ojos... Sienta sus párpados, pesados y relajados.

Preste atención a sus cejas relajándose... a sus oídos relajándose... a su frente relajándose... Su frente se siente tranquila y relajada. Deje que la relajación se extienda más lejos hasta la parte superior de su cabeza.

Todo su cuerpo ahora está relajado y tranquilo. Sienta la relajación fluyendo a lo largo de su cuerpo, desde su cabeza hasta sus pies.

Inhale... ahora contenga la respiración. Y relaje totalmente sus músculos, permitiendo que el aire fluya suavemente por su nariz o boca. Tome otra respiración profunda, inhale relajándose.

Y suelte el aire. Exhale cualquier tensión remanente. Siga respirando suave y lentamente a medida que escanea mentalmente su cuerpo, buscando cualquier tensión restante.

Si usted nota cualquier tensión, enfóquese en esa zona. Dirija la relajación para que fluya a esa zona y luego llévese la tensión.

Imagine que el aire que está respirando puede limpiar su cuerpo y eliminar la tensión. Imagine que cada inhalación le trae relajación. Visualice como la tensión de su cuerpo sale con cada exhalación.

Ahora simplemente relájese tranquilamente, disfrutando de la sensación de relajación durante unos instantes. (pausa)

Ahora lo invito a regresar a su nivel habitual de vigilia y alerta, sienta como su cuerpo y mente se hacen cada vez más conscientes de su entorno.

Voy a contar hasta tres. Cuando llegue a tres, usted estará en el nivel deseado de relajación o alerta.

1, 2, 3

Meditación Sanadora

Siéntese o acuéstese cómodamente con los ojos cerrados, vamos a comenzar por tomar conciencia de la respiración.

Sienta mientras la respiración entra con una sensación refrescante a su nariz, inhale y exhale... inhale y exhale... Llene sus pulmones con una profunda inhalación, trayendo energía y luz, purificación y curación.

Al exhalar, imagine a su cuerpo liberando toda la negatividad, estrés y dolor en el aire, para nunca ser encontrados otra vez.

Continúe así, inhalando energía y luz curativa y exhalando tensión, dolor y energía negativa. Inhale y exhale... Inhale y exhale... Inhale y exhale... Inhale y exhale...

Vuélvase consciente de la luz sanadora tocando cada célula de su cuerpo, aportando calidez y alegría, comenzando con la corona de su cabeza.

Siéntala comenzando a viajar hacia abajo de su cuerpo desde la parte superior de su cabeza, bajando lentamente hasta su cara y cuello, viajando hacia abajo por sus hombros, todo el camino por sus brazos, hasta sus dedos.

Sienta la energía curativa y luz bajando hacia su pecho, todo el camino hasta sus caderas. Sienta como sigue viajando por sus piernas hasta los dedos de sus pies.

Ahora, todo su cuerpo está lleno de luz y energía sanadoras. Permita que esa energía sanadora llene completamente cualquier área física que necesite energía sanadora.

Siéntala calentando, sanando y expandiéndose a través del área. Sienta como la luz sanadora trae paz y sanación a cada órgano, tejido y emoción de su cuerpo y mente.

Sienta la energía sanadora revitalizando y nutriendo su cuerpo y mente.

Quédese con ese sentimiento profundo, relajante y pacífico de gozosa sanación y bienestar.

Cuando esté listo, sienta su cuerpo y mente haciéndose más consciente de sus alrededores, sintiéndose despierto y alerta.

Voy a contar hasta tres. Cuando llegue a tres, usted regresará a la sala, relajado, rejuvenecido y curado.

1, 2, 3

5. Dimensión Personal

Fomentar una rica vida personal es extremadamente importante. Puede parecer egoísta enfocarse en sí mismo cuando sabe cuánto sufren otros que están pasando por lo mismo, pero es necesario para usted y para aquellos que ayuda.

Afirmaciones

Una afirmación es una declaración positiva de lo que quiere en su vida, expresada en el tiempo presente. Las afirmaciones son las herramientas para crear algo que quiere, "engañando" a su mente para creer en el concepto indicado mientras golpea el sesgo de negatividad y desarrolla su banco interno de referencias positivas.

Ejemplo: "Soy notable y apreciado; yo puedo y lo hago".

Afirmación Sanadora

Mi mente, mi cuerpo y mi alma están libres, curados y completos.

Doy la bienvenida al amor incondicional, sanación, felicidad y paz para que entren a mi ser y vivan aquí.

Me comprometo a una vida abundante para que el amor incondicional, sanación, felicidad y paz estén siempre conmigo.

Ahora esta es una forma de vida para mí.

Afirmación Acerca de las Relaciones

Soy feliz, sano, equilibrado y completo.

Tengo relaciones maravillosas, sanas y equilibradas en todas las áreas de mi vida.

Soy amado, respetado y cuidado por mi familia, amigos y pareja íntima,

Y los amo, respeto y aprecio en retorno.

Amar a mi familia, amigos y pareja es fácil, saludable y satisfactorio.

Afirmación sobre la Relación Íntima

Amo a mi pareja, quién es mi igual,

Y amarla no requiere de ningún esfuerzo, es satisfactorio y un regalo.

Nos amamos uno al otro incondicionalmente,

Y se siente solidario, suave, sano y completo.

Nuestra relación es fuerte, equilibrada y sana.

Amarnos uno al otro es fácil, satisfactorio y un regalo.

Gracias, universo, por mi capacidad para dar y recibir amor.

Aquí hay una sobre cumplimiento de metas y sueños. ¡Esta es la afirmación de la vida real que dije en voz alta todas las mañanas durante unos meses para hacer este libro! (¡no me malinterprete, tuve que escribirlo!) ¡Pero afirmarlo diariamente me dio la fuerza y voluntad para hacerlo, estoy segura de ello!

Afirmación sobre este Libro

Gracias, universo, por el éxito de mi libro.

Gracias por su escritura, producción y proceso de publicación fluidos,

¡Y título de superventas!

Gracias por darme dirección y conocimientos acerca de con quién trabajar para mi libro.

Gracias por proveerme todo el apoyo financiero que necesito para lograr que el libro ocurra.

Gracias por mi capacidad para ayudar a más personas a través de mi libro.

No puede haber ningún retraso, impedimento ni obstrucción para la realización del deseo de mi corazón.

¡El poder del universo se mueve ahora en mi nombre!

P.D.: ¡Si está leyendo este libro en forma impresa o ebook, esta afirmación funcionó!

Un amigo me envió esta poderosa afirmación. Originalmente, se suponía que sería "101 maneras de Elogiar a su Hijo", autor desconocido - puede encontrar carteles como este en línea y en cualquier tienda de maestros. Prontamente lo adapté a "101 Maneras de Alabarse a sí Mismo". ¡Para todos los defensores de víctimas adultos que llegan a ser padres ellos mismos! Aquí tiene una afirmación de empoderamiento que puede mirar todos los días:

OLGA PHOENIX

101 MANERAS DE ALABARSE A SÍ MISMO

GUAU • ASÍ SE HACE• **SÚPER• ERES ESPECIAL** • EXCEPCIONAL
EXCELENTE• GRANDIOSO • BIEN • PULCRO• BIEN HECHO •
NOTABLE • SABÍA QUE PODRÍAS HACERLO • ESTOY ORGULLOSO
DE TI • FANTÁSTICO • SÚPER ESTRELLA • **BONITO TRABAJO**
BIEN • **ESTÁS DECIDIDO A ESO** • HERMOSO• ESTÁS VOLANDO•
ESTÁS GANANDO TERRENO • AHORA LO TIENES • ERES
INCREÍBLE • BRAVO • **ERES FANTÁSTICO** • HURRA POR TI • ESTÁS
DANDO AL BLANCO• ESTÁS EN CAMINO GRAN AGRADABLE• MUY
BIEN • **BUEN TRABAJO** • ESO ES INCREÍBLE • PERRO CALIENTE•
DINAMITA • **ERES HERMOSO** • ERES ÚNICO NADA PUEDE
PARARTE AHORA• BIEN POR TI • **ME GUSTA QUE SEAS UN
GANADOR** • NOTABLE TRABAJO • HERMOSO TRABAJO •
ESPECTACULAR • **ERES ESPECTACULAR•** ERES QUERIDO • ERES
PRECIOSO • GRANDIOSO DESCUBRIMIENTO• HAS DESCUBIERTO
EL SECRETO• LO AVERIGUASTE• **FANTÁSTICO TRABAJO•** BINGO •
MAGNÍFICO • MARAVILLOSO • FABULOSO • ERES IMPORTANTE•
FENOMENAL• **ERES SENSACIONAL** • SUPERTRABAJO• TRABAJO
CREATIVO • TRABAJO SÚPER • TRABAJO FANTÁSTICO•
RENDIMIENTO EXCEPCIONAL • ERES UN VERDADERO SOLDADO •
ERES RESPONSABLE • ERES EMOCIONANTE• LO APRENDISTE
BIEN• **QUÉ IMAGINACIÓN** • QUÉ BUEN OYENTE • ERES DIVERTIDO
• **ESTÁS CRECIENDO** • **HAS INTENTADO DURO** TE IMPORTA •
HERMOSO COMPARTIR • **EXCELENTE RENDIMIENTO** • ERES UN
BUEN AMIGO • CONFÍO EN TI• ERES IMPORTANTE• SIGNIFICAS
MUCHO PARA MÍ• **ME HACES FELIZ** • PERTENECES • TIENES UN
AMIGO • ME HACES REÍR • **HACES BRILLAR MI DÍA** TE RESPETO •
SIGNIFICAS EL MUNDO PARA MÍ• ERES UNA ALEGRÍA • ERES UN
TESORO ERES MARAVILLOSO• ERES PERFECTO •**¡TE AMO!**

Uniéndolo todo junto

Una manera de consolidar todo el trabajo que hace en las diversas dimensiones es escribirlo en papel. Los diarios son buenos, pero los recordatorios visuales tienen su propio poder especial. Un ejercicio útil es el tablero <u>de Visualización</u>.

Creando Significado y una Vida Plena con el Tablero de Visión

Un Tablero <u>de Visualización</u> es una colección de imágenes, palabras y colores que reflejan sus visiones y deseos para su vida. Es una herramienta que permite que usted sea claro sobre lo que realmente quiere. Ser claro sobre lo que quiere es la clave para manifestar su visión. Haga una lluvia de ideas sobre cómo le gustaría que fuera su vida, y ponga sus sueños como un collage en una hoja grande de papel. Póngalo en un lugar prominente de su casa para recordarle todos los días sus metas y sueños.

Aquí está un ejemplo de uno de mis Tableros de Visualización (Figura 6). Usted notará que no todo tiene por qué ser un asunto muy serio. Puede ver dónde están mis prioridades: una gran parte del espacio se dedica a Moorea, Tahití, ¡Mi isla de la fantasía donde iré más temprano que tarde! Luego viene completar mi Ph.D. y escribir toneladas de libros, que definitivamente tendrán títulos de mejor vendidos. El tercer lugar se dedica a hábitos alimenticios saludables, rutinas de entrenamiento y mantener la serenidad perpetua en todos los ámbitos de la vida. ¡Es su Tablero de Visualización, sea audaz, alcance las estrellas, imagine la vida que quiere vivir!

Figura 6. Gráfico de Tablero <u>de Visualización</u> de Olga.

10 Pasos más Cerca de sus Sueños mediante un Tablero de Visión

Cree una colección de imágenes, palabras y colores que reflejen sus visiones y deseos para su vida. Esta es una herramienta que le permite ser claro sobre lo que realmente quiere. Ser claro sobre lo que quiere es la clave para manifestar su visión.

Paso Uno:

Reúna revistas y catálogos.

Paso Dos:

Revise las revistas y catálogos y saque imágenes, palabras y frases que le hablen y evoquen sentimientos.

Paso Tres:

Corte estas imágenes y palabras.

Paso Cuatro:

Coloque sus palabras e imágenes en un tablero grande, de manera que se sienta bien para usted.

Paso Cinco:

Pegue las imágenes en el tablero.

Paso Seis:

Revise su Tablero y Pregúntese qué necesita hacer para alcanzar sus sueños.

Paso Siete:

Cree un plan de acción razonable y posible.

Paso Ocho:

Encuentre apoyo para cambiar su vida. Comparta su tablero soñado con un amigo.

Paso Nueve:

Cree un "sistema de rendición de cuentas de amigo" con un amigo con el fin de mantenerse encaminado.

Paso Diez:

Coloque el Tablero en algún lugar donde lo vea todos los días. ¡Logre sus visiones, UN PASO a la vez!

6. Dimensión Profesional

Como defensores de víctimas, tendemos a permanecer en esta dimensión bastante y a veces demasiado. Para algunos de nosotros, el objetivo principal es establecer límites entre las dimensiones profesionales y otras dimensiones de nuestra vida. Para otros, puede tratarse de tomar el almuerzo en la calle, lejos de la pantalla de la computadora (con informes de becas en ella). Y muy posiblemente, la mayoría de nosotros podríamos beneficiarnos de una dosis extra de actitud de gratitud y reconocimiento consciente en la oficina. Aquí están algunas sugerencias.

Rituales para "Dejar el Trabajo en el Trabajo"

Cientos de defensores me dicen que las víctimas regresan a casa con nosotros, en nuestros pensamientos, en nuestros sueños. Me gusta hacer una broma no tan cómica acerca de que a veces las víctimas regresan a casa con nosotros, se sientan a nuestra mesa e incluso cuando tratamos de coger un poco de sueño, ¡Sus rostros, y sus ojos nos miran desde la almohada junto a nosotros! A veces la situación es realmente grave, hasta el punto de pesadillas o insomnio y a veces es simplemente dejar pasar los pensamientos persistentes "¿Estará ella bien? ¿La ayudé lo suficiente? ¿Hice todo lo que podía hacer en la situación?""(Por favor considere ver a un terapeuta si usted está preocupado por su bienestar). Hablar de la situación con un profesional reduce enormemente el poder de esos pensamientos, emociones y sentimientos negativos. ¡Además, ellos siempre tienen un buen consejo sobre cómo lidiar con una situación ganar / ganar en general!

Creo que realmente es muy importante para todos nosotros desarrollar nuestros propios "rituales para dejar el trabajo en el trabajo" de confianza que den señales a nuestro cuerpo y mente acerca de que el trabajo está terminado y es hora de jugar y relajarse. Se trata de las siguientes preguntas: ¿Hay algo que pueda hacer que le ayude a dejar el trabajo en el trabajo? ¿Tiene algún ritual que siga al final de su jornada laboral?

Algunos rituales acerca de los cuales me contaron algunos defensores:

- Regar las plantas en el trabajo antes de irse a casa
- Estudiar lenguas extranjeras en camino a casa
- Cantar al ritmo de su banda favorita de camino a casa
- Tomarse 15-60 minutos para sí mismos antes de compartir con su familia
- Tomar una ducha después del trabajo e imaginarse que el estrés laboral se va por el drenaje
- Quitarse toda la ropa de trabajo como un símbolo de quitarse todas las tensiones
- Jugar con animales domésticos durante un tiempo al llegar a casa
- Hacer jardinería justo después del trabajo

- Quemar salvia en casa después del trabajo para purificar su espíritu
- Durante la próxima semana, experimente con un ritual específico, reflexionando sobre cómo le afecta.

Ejemplos de Actividades de la Dimensión Profesional

A veces mirar el panorama es útil, y en otras ocasiones, usted simplemente quiere una bolsa de herramientas que alcanzar que le ayude a pasar el día. Aquí están algunas ideas sencillas y prácticas para alegrar su día laboral:

- Equilibre su número de casos para que ningún día o parte de un día sea "demasiado" (ej.: no abarrote un día solo con tareas que no le gustan).

- "Mezcle y Junte" sus proyectos favoritos con los que no son tan favoritos durante el día.

- Tenga supervisión o consulta regular (ej.: la cohesión de equipo y confianza puede desarrollarse mediante prácticas de supervisión reflexiva).

- Recuerde planear con anticipación y tomarse sus días personales, de vacaciones, por enfermedad, y de salud mental.

- Tómese un descanso durante la jornada laboral y salga de la oficina (ej.: salga a comer, incluso si significa comer un emparedado de atún hecho en casa en el banco cerca de su edificio de oficinas).

- Honre a aquellos que se han ido antes de que usted ciñéndose a un horario de trabajo razonable y sostenible. ¡Esto significa de 9 a 5 y mucho tiempo de juego fuera del trabajo!

- Incorpore la gratitud a su jornada laboral (ej.: piense en una cosa por la que esté agradecido al comienzo y al final de su jornada laboral, justo en su diario de gratitud de trabajo para futura reverencia, cuando necesite un "recógeme").

- Piense en la gente de su vida con quienes está agradecido y dígales acerca de ello (ej.: escriba una tarjeta de agradecimiento a un compañero de trabajo que le enseñó algo recientemente).

- Exprese su agradecimiento y felicite a sus compañeros de trabajo a menudo.

- Acepte cumplidos graciosamente, y permítase sentirse "hermoso, inteligente, elegante, etc." (ej.: solo diga "gracias" y tómese un momento para apreciarse a sí mismo)

- Desarrolle un grupo de apoyo de prevención del estrés traumático secundario en el trabajo (ej.: en el cual la única regla sea que tiene que inventar soluciones de prevención de estrés traumático secundario, en lugar de discutir problemas de estrés traumático secundario).

- Desarrolle un área de interés profesional no relacionada con el trauma (ej.: pruebe su habilidad para escribir ardientes novelas románticas en su tiempo libre o tome una clase de dibujo).

- Escriba sus propias estrategias y póngalas en práctica a menudo.

Su Ejercicio de Prevención Profesional del Estrés Traumático Secundario

Comprenderse a sí mismo es el primer paso para tomar decisiones positivas y auto afirmantes. Aquí tiene algunas indicaciones para comenzar. Puede desear registrar sus respuestas, o compartir sus pensamientos con un amigo, consejero o colega de confianza.

1. ¿Por qué eligió un trabajo relacionado con el trauma?

2. ¿Cómo se sostiene y nutre a sí mismo de manera diaria / semanal / mensual / anual?

3. Sabiendo que la prevención del estrés traumático secundario es de bipartita, ¿Cuáles son sus...

a. Actividades de auto cuidado / escape

b. Actividades creativas de la vida

4. Ahora que conoce herramientas de prevención del ETS, ¿Cómo vivirá su vida de manera diferente, en todas las seis dimensiones de ella?

5. ¿Aún cree que es la carrera correcta para usted?

CAPÍTULO 4:

CULTURA ORGANIZACIONAL Y SOSTENIBILIDAD DE LA PREVENCIÓN DEL ESTRÉS TRAUMÁTICO SECUNDARIO

La investigación realizada por John Fawcett (2003; 2011) demuestra que el factor más importante que afecta negativamente la salud y bienestar en contextos organizacionales es la propia organización: Cómo funciona la agencia, cómo el liderazgo se relaciona con el personal, qué sistemas de soporte de recursos humanos están presentes, ya sea si los equipos son cohesivos, y si el contexto y cultura de la organización es de soporte del crecimiento y desarrollo. Las condiciones de empleo tienen una influencia significativa sobre la salud y el bienestar del personal.

Fawcett afirma que el liderazgo organizacional, incluyendo a los miembros de la Junta Directiva, tienen una responsabilidad ética primordial para crear entornos para el personal que promuevan la salud y apoyen la prevención individual del estrés traumático secundario. Los esfuerzos de prevención individual del estrés traumático secundario funcionan, pero en organizaciones en las cuales a la gente se le niega la oportunidad de hacer uso de estas habilidades y conocimientos, la salud individual sufre. Las organizaciones tienen una importante capacidad y responsabilidad, para crear ambientes de trabajo solidarios. Estos esfuerzos no solo protegen a los empleados del impacto negativo del estrés traumático secundario, sino que también mejoran las posibilidades de que los miembros del personal en realidad prosperen en ambientes desafiantes.

Dichos cambios pueden ser muy difíciles, porque el trauma podría estar arraigado en la propia organización. Varios autores dentro del campo del trauma han escrito sobre los procesos fundamentales de la reactividad post traumática y los efectos negativos del trauma en una organización en conjunto. Por ejemplo, Sandra Bloom, fundadora del Modelo Santuario, aborda cómo el trauma puede contaminar los procesos y políticas de una organización; ella subraya cómo las organizaciones que pretenden servir a las poblaciones traumatizadas pueden ellas mismas ser negligentes e hirientes con sus empleados y clientes. Bloom propone una solución: crear procesos y políticas de información sobre el trauma que apoyan el bienestar y la salud de los empleados y las personas que sirven.

Por supuesto, a veces es difícil tomar los primeros pasos hacia el cambio dentro de una organización. A menudo, es un desafío persuadir a los líderes acerca de que hay un significativo retorno de la inversión al permitir y alentar al personal a "tomarse tiempo fuera del trabajo" para entrar en estas prácticas. Tendrá que convencerlos de que una fuerza laboral saludable vale la pena la inversión.

Otro obstáculo que se puede encontrar al trabajar con líderes de organizaciones del trauma es que pueden permitir que el personal practique la prevención del estrés traumático secundario pero no participen ellos mismos. Los miembros del personal saben cuándo sus supervisores solo están palabreando acerca de una nueva política o procedimiento. Las prácticas de prevención del estrés traumático secundario son más propensas a ser sostenidas en el tiempo cuando el liderazgo, incluyendo a los miembros de la Junta, están activa y personalmente comprometidos en dichas prácticas de prevención del estrés traumático secundario, preferiblemente en el mismo contexto que otros miembros del personal.

Puede ser difícil implementar estas prácticas de prevención del estrés traumático secundario, y desafortunadamente, los cambios probablemente no sean sostenibles frente a dicha escisión entre la gerencia y el personal. El personal podría percibirse a sí mismo como menos competente de lo que los gerentes que sienten que no necesitan esta ayuda adicional, o que pueden convencerse de que la gerencia quiere que ellos practiquen la prevención del estrés traumático secundario porque el personal está haciendo algo malo o no efectivamente. En general, hay una sensación de que los gerentes no están interesados en absoluto en el bienestar del personal.

El mensaje debe provenir desde arriba si se realizarán cambios duraderos. En última instancia, la rendición de cuentas, junto con la responsabilidad ética para el fomento de las culturas organizacionales de prevención del estrés traumático secundario, auto cuidado, bienestar y sostenibilidad, descansa en las manos del liderazgo organizacional. Con un fuerte liderazgo organizacional, el personal entonces puede tomar un papel más importante en el mantenimiento de un ambiente de trabajo sano para todos.

Ejercicio "Cuan Saludable es su Organización"

- ¿Cómo funciona la Agencia?
- ¿Cómo se relaciona el liderazgo con el personal?
- ¿Qué clase de sistemas de soporte de recursos humanos están presentes?
- ¿Cuán cohesivos son los equipos?
- ¿El contexto y cultura de la organización soportan el crecimiento y desarrollo?
- ¿Se recomienda la prevención del estrés traumático secundario? En caso afirmativo, ¿cómo?
- ¿La prevención del estrés traumático secundario es practicado por los equipos y liderazgo? En caso afirmativo, ¿cómo?

Si ve que se hace algún trabajo basado en sus respuestas, recuerde, no es un problema, sino más bien una fantástica oportunidad para el crecimiento. Se trata de volver los problemas en posibilidades. Se trata de elegir conscientemente para ver qué se puede hacer, en lugar de quedarse con cómo no le gusta la situación. Se trata de comprometerse a descubrir fascinantes posibilidades y crecer individualmente y como organización. Y ser efectivo. Y estar bien.

Prácticas de Prevención del Estrés Traumático Secundario y Sustentabilidad Organizacional

El liderazgo, incluyendo los Consejos de Administración, tiene la responsabilidad ética principal de crear entornos que promocionen y apoyen la prevención del estrés traumático secundario organizacional e individual. Mientras que los esfuerzos personales son importantes, la salud individual todavía puede estar comprometida en contextos en los cuales a la gente se le niega la oportunidad de hacer uso de estos conocimientos y habilidades. La forma más efectiva de tratar y prevenir el estrés traumático secundario es mediante sólidos procesos organizacionales. Estos son algunos ejemplos de lo que el liderazgo podría hacer para promover el bienestar general de una organización:

- proporcionar entrenamiento suficiente para cada miembro de su equipo de estrés traumático secundario, sus síntomas, efectos y herramientas para abordarlo y prevenirlo.

- asegurar a su personal que los síntomas del estrés traumático secundario son una reacción normal al trabajo de trauma y animarlos a buscar ayuda.

- establecer sistemas organizacionales de atención de los defensores de víctimas que divulguen o presenten síntomas de estrés traumático secundario.

- proporcionar una formación específica de trauma y de extensión de información, admisión y estrategias de prestación de servicios, para aumentar el sentido de efectividad de los defensores de víctimas para ayudar a sus clientes y reducir el sentido de desmoralización provocado por el trabajo de trauma.

- establecer una carga diversa de casos de clientes con el fin de limitar la exposición traumática de cualquiera de los trabajadores.

- crear ambientes de trabajo que faciliten la vinculación del personal y apoyo emocional de unos a otros, ya que esto limita la fatiga emocional y despersonalización y crea un mayor sentido de realización personal (por ejemplo: un grupo de soporte de prevención del estrés traumático secundario).

- instituir supervisión clínica regular relacionalmente para normalizar los sentimientos y experiencias de los defensores de víctimas y brindar apoyo y herramientas para tratar y prevenir el estrés traumático secundario.

- proporcionar un espacio seguro y cómodo para que los defensores de víctimas participen en sus actividades personales de prevención del estrés traumático secundario durante la jornada de trabajo (ejemplo: terapia, reuniones de 12 pasos, meditación, largos almuerzos con apoyo de grupo).

- fomentar una cultura de poder compartido en la toma de decisiones organizativas, potenciar un sentimiento de autonomía en los defensores de víctimas, como confianza, potenciación y auto eficacia son los antídotos para la sensación de impotencia asociada con el estrés traumático secundario.

- como organización, comience tomando medidas para mejorar su salud y prácticas organizacionales.

CONCLUSIÓN

La investigación recopilada durante los últimos veinte años es consistente: muchos profesionales de trauma, específicamente los defensores ante violencia doméstica / sexual, están en riesgo de padecer estrés traumático secundario y fatiga por compasión. La investigación identifica factores de riesgo importantes para el estrés traumático secundario y trauma Vicario, tales como: ser poco experimentado, tener una historia personal de trauma y tener una mayor exposición a personas traumatizadas tales como aquellas con más casos de sobrevivientes.

Afortunadamente, el estrés traumático secundario es prevenible. Mediante el empleo sostenible y prevenible del auto cuidado, nutrición, y actividades de escape, los profesionales de trauma pueden mitigar el estrés traumático secundario. Mediante los procesos de creación de significado, desafío de las suposiciones y creencias negativas y participación en actividades de fomento comunitario, los profesionales de trauma pueden trasformar la desesperación, desmoralización y pérdida de esperanza producida por el estrés traumático secundario.

Aunque la prevención del estrés traumático secundario en lo personal es muy útil, los climas organizacionales insanos pueden reducir dramáticamente los efectos positivos del auto cuidado personal. La efectividad y sostenibilidad de las políticas organizacionales de prevención del estrés traumático secundario a menudo descansan en manos del liderazgo. Los miembros del equipo de gestión de las organizaciones de trauma son éticamente responsables por la implementación, potenciación y practica de la cultura organizacional para la prevención y bienestar del estrés traumático secundario con el objetivo no solo de proveer los servicios más beneficiosos para los sobrevivientes de traumas, sino para mantener ambientes de trabajo sostenibles, potenciadores y saludables para su personal.

Al haber leído este libro, ahora tiene algunas herramientas para comenzar a prevenir y tratar el estrés traumático secundario en su propia vida, así como llevar el problema y sus soluciones a la atención de la administración e instituciones en su conjunto. Con fuerzas de trabajo más saludables, las agencias que ayudan a víctimas de trauma en última instancia serán más exitosas en su objetivo principal: ayudar a más gente con mayor eficacia.

MI NOTA PERSONAL PARA USTED

En mi viaje increíble y serpenteante a una vida libre de estrés traumático secundario, encontré a muchos maestros. Vinieron en muchas formas: un terapeuta perspicaz, un colega agotado, un gentil maestro espiritual, el crudo dolor del trauma no tratado, mil un libros leídos sobre los temas de las prácticas espirituales sanadoras del mundo, depresión profunda y la intensa alegría de presenciar como las víctimas de la violencia se recuperan.

Lo que aprendí es que los elementos comunes en cualquier viaje al equilibrio y bienestar son la auto conciencia, amor propio, autocompasión, auto perdón, moderación y desarrollo de una identidad personal positiva. Esto significa aprender a pensar en nosotros mismos fuera de nuestro papel como defensores de víctimas y estar completamente de acuerdo con que "YO SOY". Es una oración completa: YO SOY. Punto.

Ahora, habiendo leído este libro, espero que usted esté más cerca de aceptar esta nueva perspectiva: "YO SOY, y me merezco mi lugar en este planeta, y tengo derecho a estar bien, feliz y vivir una vida libre de estrés traumático secundario".

REFERENCIAS

Abendroth, M. & Flannery, J.(2006). Predicting the risk of compassion fatigue: A study of hospice nurses. *Journal of Hospice and Palliative Nursing*, 8(6), 346-356.

Adams, R. E., Boscarino, J. A., & Figley, C. R. (2006). *Compassion fatigue and psychological distress among social workers: A validation study. American Journal of Orthopsychiatry, 76(1), 103-108.*

Albers, S. (2009). *50 Ways to Soothe Yourself Without Food.* Oakland, Calif.: New Harbinger Publications.

Bell, H., Kulkarni, S. & Dalton, L. (2003). Organizational prevention of vicarious trauma. *Families in Society*, 84(4), 463-470.

Bloom, S.&Farragher, B. (2013). *Restoring Sanctuary: A New Operating System for Trauma-Informed Systems of Care.*Oxford University Press.

Bober, T. & Regehr, C. (2006). Strategies for reducing secondary or vicarious trauma: Do they work? *Brief Treatment and Crisis Intervention, 6,* 1–9.

Bride, B. E. (2007). Prevalence of secondary traumatic stress among social workers. *Social Work*, 52(1), 63–70.

Conrad, D., & Kellar-Guenther, Y. (2006). Compassion fatigue, burnout, and compassion satisfaction among Colorado child protection workers. *Child Abuse and Neglect*, 30(10), 1071-1080.

Cornille, T. A., & Meyers, T. W. (1999). Secondary traumatic stress among child protective service workers: Prevalence, severity and predictive factors. *Traumatology*, 5(1), 15-31.

Curtis, L. (2010). Case backload postponing deportations proceedings increases 26 percent, but immigration judges swamped. *Las Vegan Review Journal*, May 30.

Decker, S., & Naugle, A. (2008). DBT for Sexual Abuse Survivors: Current Status and Future Directions. *Journal of Behavior Analysis of Offender and Victim: Treatment and Prevention*, 1(4): 52–69.

Dernoot Lypsky, L. (2009). *Trauma Stewardship: An Everyday Gide to Caring for Self while Caring for Others*. Berrett-Koehler Publishers, San Francisco, CA.

Fawcett, J. (2003). Assessing front-line staff for stress, trauma, and social support: Theory, practice, and implications, In *Stress and trauma handbook: Strategies for flourishing in demanding environments*. Monrovia, CA: World Vision International.

Fawcett, J. (2011).Organizational and Cultural Factors that Promote Coping: With Reference to Haiti and Christchurch, *New Zealand Journal of Psychology*, no. 4 (Vol. 40).

Figley, C. (1995). *Compassion Fatigue: Coping With Secondary Traumatic Stress Disorder In Those Who Treat The Traumatized.* Routledge Psychosocial Stress Series.

Figley, C. (1995). Compassion fatigue as secondary traumatic stress disorder: An overview. In C. R. Figley (Ed.), *Compassion fatigue: Coping with secondary traumatic stress disorder in those who treat the traumatized.* New York: Brunner/Mazel.

Hanson, R. (2011). *JustOne Thing: Developing a Buddha Brain One Simple Practice at a Time.* Oakland, Calif.: New Harbinger Publications.

Hawkins, H.C. (2001). Police officer burnout: A partial replication of Maslach's burnout inventory. *Police Quarterly*, 4(3), 343-360.

Janssen, M. (2009). *Pleasure Healing: Mindful Practices & Sacred Spa Rituals for Self-Nurturing.* New Harbinger Publications, Inc.

Linehan, M. (1993). *Skills Training Manual for Treating Borderline Personality Disorder.* The Guilford Press; 1st edition.

Lobel, J. (1997). The vicarious effects of treating female rape survivors: The therapist's

perspective. (Doctoral Dissertation, University of Pennsylvania, 1997). Dissertation Abstracts

International: Section B: *The Sciences and Engineerin g,* Vol 57(11-B), May 1997. pp. 7230.

Mathieu, F. (2012). *The Compassion Fatigue Workbook.* Routledge, NY.

Neff, K.D. The development and validation of a scale to measure self-compassion. *Self and Identity,* 2(3): 223–250.

Newell, J. M. & MacNeil, G. A. (2010). Professional burnout, vicarious trauma, secondary traumatic stress, and compassion fatigue: A review of theoretical terms, risk factors, andpreventive methods for clinicians and researchers. *Best Practices in Mental Health: An International Journal, 6,* 57-68.

Perez, L. M., Jones, J., Englert, D. R., & Sachau, D. (2010). Secondary traumatic stress and burnout among law enforcement investigators exposed to disturbing media images. *Journal of Police and Criminal Psychology,* 25(2), 113-124.

Perron, B., & Hiltz, B. (2006). Burnout and secondary trauma among forensic interviewers of abused children. *Child and Adolescent Social Work Journal,* 23(2), 216-234.

Saakvitne, K. & Pearlman, L. (1996). *Transforming the Pain: A Workbook on Vicarious Traumatization.* Norton Publishing, NY.

Stamm, B.H. (2010). *The Concise ProQol Manual.*2nd Edition. Pocatello, ID:ProQol.org; 2010.

Stamm, B.H. (2012). The ProQOL (Professional Quality of Life Scale: Compassion Satisfaction and Compassion Fatigue). Obtenido: 01 de mayo de 2014 de proqol.org.

ACERCA DE LA AUTORA

Olga Phoenix es una oradora nacional, capacitadora y una defensora. Es fundadora y presidenta del proyecto Olga Phoenix Project: Healing for Social Change, una organización dedicada a fomentar la prevención del estrés traumático secundario entre profesionales de trauma. Ella es una consultora y capacitadora experta de la Oficina para las Víctimas del Crimen del Departamento de Justicia de los. EE.UU. y Centro de Asistencia Técnica para la prevención del estrés traumático secundario; y una miembro del equipo de capacitación y mentoría de la Asociación Nacional para

Erradicar la Violencia Interpersonal. Olga Phoenix se graduó con una Maestría en Gerencia Publica y Sin Fines de Lucro de la Universidad del Sur de Florida, Maestría en Artes en estudios de la mujer de la Universidad de Florida Atlántica y actualmente es candidata al doctorado en el Instituto de Estudios Integrales de California. Ella vive en San Francisco, CA con sus dos hijas felinas.

www.ingramcontent.com/pod-product-compliance
Lightning Source LLC
Chambersburg PA
CBHW070658290526
45790CB00001B/368